1603年 徳川家康 江戸開府への疑問

年表が解き明かす真実

桜井 明

渡辺重明氏の水彩画２作品（イメージ画）

慶長 15 年（1610）頃の駿府城

寛永 13 年（1636）頃の久能山東照宮

駿府城跡天守台発掘現場と富士山

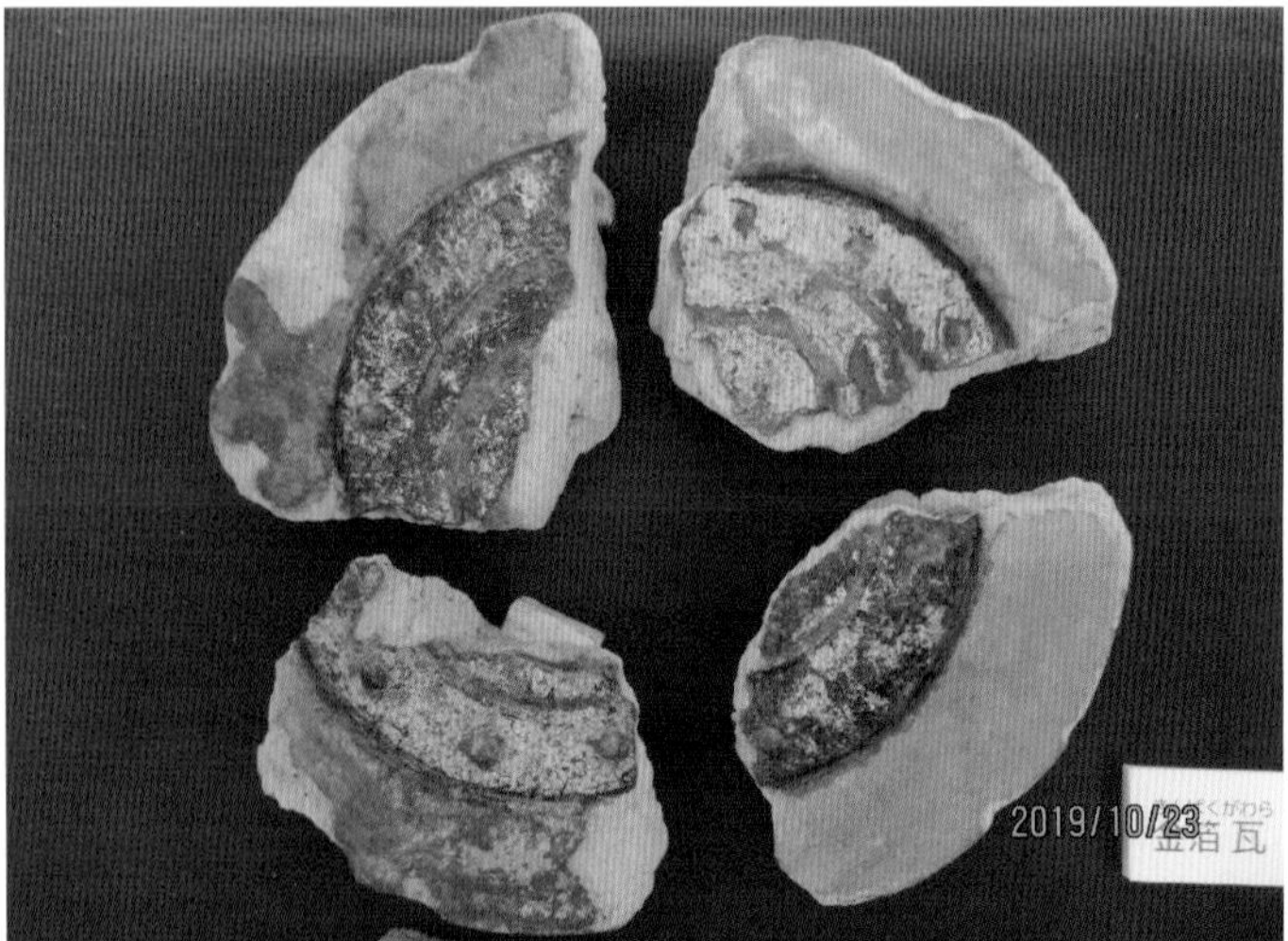

天正期駿府城の金箔瓦

駿　府　城（家康大御所政治の拠点）

三ノ丸大手御門跡

駿府城東御門・巽櫓（復元）

駿府城跡天守台発掘調査見学会　平成31年（2019）2月23日

駿府城跡天守台発掘調査見学会　令和２年（2020）２月22日

天守台・天守台下御門・多聞櫓台　調査員説明

天守台東面

久能山東照宮　家康公没後 400 年祭 御例祭　平成 27 年(2015)4 月 17 日

久能山東照宮神廟　　家康公、ここに眠る

1603年 徳川家康 江戸開府への疑問

年表が解き明かす真実

まえがき

徳川家康は「江戸に幕府を開いた」と語ったのか

静岡で生まれ、静岡で育った私は、駿府（現在の静岡市）と深い縁で結ばれた徳川家康の放つ魅力に取り憑かれている。

家康は75年の生涯の3分の1である25年間、最も長く駿府の地に住み続けた。150年続いた戦国時代を家康は大御所時代、この地で終焉させ、その後250年続く平和の時代の礎を築いた日本を代表する大偉人である。静岡市は「家康公が愛したまち静岡」と銘打ち、家康と静岡との絆を郷土の誇りとしている。

家康にまつわる話は事欠かない。定説や通説となった話は多くあるが、その中で私にとってどうしても腑に落ちない話がある。そのひとつに「家康は慶長8年（1603）2月に征夷大将軍に任じられ、江戸に幕府を開いた」とする話である。

小学校教科書（『新しい社会6歴史編』東京書籍　平成31年3月26日検定済）には「1603年、家康は、朝廷から征夷大将軍に任じられ、江戸（東京都）に幕府を開きました」

と書かれている。征夷大将軍になった家康が江戸の地に幕府を開いたとなっており、そのことを子供たちは学校で学び、大人達も至極当然な話と捉えている。

確かに家康は征夷大将軍になっているが、当時の政治の中心は畿内（京都はじめその周辺）であった。江戸に、京都から直線距離で370キロメートルも離れた城も町も十分に整備されていないある意味辺鄙な土地に、家康は果たして日本を統治する幕府を開くことができたのか。江戸の地から京都の朝廷・公家、大坂の豊臣家、そして西国大名や寺社など巨大な諸勢力をコントロールできたのか、甚だ疑問である。その疑問に答えてくれる書物には未だ出合っていない。

史料的にいっても、家康自身が「江戸に幕府を開いた」と語ったものは見当たらない。家康本人が語った史料がないとなれば、「家康は慶長8年（1603）2月に征夷大将軍に任じられ、江戸に幕府を開いた」とする話は歴史研究者の解釈レベルの話となるだろう。研究者の多くが「徳川家の本拠地は江戸」であることを前提に、「家康は江戸に幕府を開いた」と解釈し、それが定説化されたのだろうか。家康亡き後、江戸で徳川幕府が250年続いたことも、研究者の解釈に大きな影響を与えたのだろうか。

家康大御所時代、2代将軍秀忠がいた江戸に徳川幕府があったと解釈している研究者が多い。「家康は将軍として江戸で政治を行い、2年後には3男秀忠に将軍職を譲り、家康自身は駿府に隠居した。江戸の将軍秀忠はそのまま幕府を引き継いだ」と、ざっくり言えばそのように解釈されている。ところが秀忠が日本統治の実質的な決定権者となったという事績を明確に書き表した書物には出合っていない。将軍秀忠の権限は駿府の大御所家康を超えていたのか、または超えようとしていたのか、それとも超えていなかったのか、その実像はどうだったのであろうか。

これらの疑問をいつまでも放置しておくことはできないと思い至ったのである。何らかの手法でこれらの疑問を解き明かすことができないかと考えた。以前からやりたかったことがあった。一般的に人物を取り扱った年表は「Ｗｈｅｎ（いつ）」「Ｗｈｏ（だれが）」「Ｗｈａｔ（何を）」を中心に表示されている。いわゆる、情報伝達手法となる「５Ｗ１Ｈ」のうちの３要素を使った年表となっている。その他の３要素「Ｗｈｅｒｅ（どこで）」「Ｗｈｙ（なぜ）」「Ｈｏｗ（どのように）」はほとんど使われることはないようである。人物を取り扱った年表にある要素を加えると、さらにその人物像が浮き上がってくるのではないかと考えたのである。ある要素とは「Ｗｈｅｒｅ（どこで）」のことである。その要素を加えれば、その人物がどこで何をしようとしていたのか、さらにわかりやすく、正しく伝わるのではないか。

定説化された「家康は慶長８年（１６０３）２月に征夷大将軍に任じられ、江戸に幕府を開いた」話、「家康は将軍として江戸で政治を行い、2年後には3男秀忠に将軍職を譲り、家康自身は駿府に隠居した。江戸の将軍秀忠はそのまま幕府を引き継いだ」話など、徳川幕府創成期（慶長8年～元和2年）の解釈に多くの疑問を抱く中、「5W1H」のもうひとつの要素「Where（どこで）」を取り入れた徳川家康の年表を作成することはできないものかと考えた。その年表には疑問を解き明かす多くの材料が詰まっているはずである。

家康は江戸に幕府を開いたとすれば、江戸で日本の統治をしていたことになる。将軍職を秀忠に譲った後、江戸から駿府に移り住んだとなれば、家康の側室や息子たち、家臣たちも一斉に江戸から駿府に移り住んだことになる。家康が管理する金銀財宝も日常で使う生活道具も江戸から移されることになる。それらの事柄を史料的に確認できるだろうか。

年表を通してそれらの疑問を解き明かしていきたい。

令和5年12月　桜井　明

目次

第1章　創成期徳川幕府の新たな視点

1　鎌倉幕府成立年

武家政権の首長といえば、日本を統治する武家組織の最高権力者を指している。鎌倉時代の最高権力者といえば、その筆頭は源頼朝となるだろう。その源頼朝は建久3年（1192）に征夷大将軍に就任、その年を鎌倉幕府成立年とされてきた。ところが、近年その成立年が大きく見直されている。

学校の教科書を見てみよう。「諸説あり」との但し書きはあるが、守護・地頭を置いた文治元年（1185）を鎌倉幕府の成立年として採用している。中学校の教科書「新しい社会　歴史」（東京書籍　令和2年3月24日検定済）には「平氏の滅亡後、源義経が源頼朝と対立すると、頼朝は、義経をとらえることを口実に朝廷に強く迫り、1185年に、国ごとに軍事・警察を担当する守護を、荘園や公領ごとに現地を管理・支配する地頭を置くことを認めさせました。こうして頼朝は、本格的な武士の政権である鎌倉幕府を開きました」と書かれている。鎌倉幕府の成立年は1192年から1185年に変更されているのである。ただし、1185年で最終決着したわけではないので、その点は留意したい。

源頼朝は建久3年（1192）に鎌倉幕府を開いたのではなく、征夷大将軍就任の7年前に鎌倉幕府を開いたと、学術的に解釈されるようになった。教科書にその成果が反映されたことになる。建久元年（1190）右近衛大将に就任する5年前の話でもある。「いいくにつくろう」の1192年ではなく、「いいはこつくろう」の1185年、その年が鎌倉幕府成立年と見られるようになった。

なぜ解釈変更されたのだろうか。その理由は、1185年源頼朝により守護と地頭が設置されたことで鎌倉幕府の基盤ができ、鎌倉幕府による実質支配が始まったと多くの研究者が解釈したからである。あくまで解釈レベルの話であるが、教科書の記述内容が大きく変わる出来事であった。歴史学は、史料（文献・考古）からわかった事柄がどのような意味を持ち、それをどのように解釈するのか、そのことを常に問い続けている。

この解釈変更の結果、次のような事柄が見えてきた。征夷大将軍就任＝幕府成立、武家政権の首長＝征夷大将軍とは必ずしも言えず、征夷大将軍就任が幕府成立の必須条件ではなく、征夷大将軍が武家政権の首長とは限らないということになる。では、源頼朝はなぜ武家政権の首長と評価されたのであろうか。その理由は、多くの研究者が征夷大将軍、いや右近衛大将でもなかった源頼朝の実績と実力を高く評価して、武家を束ね、武家政権を担える武家棟梁と認めたからに他ならない。征夷大将軍はあくまで武家棟梁の官職である。源頼朝は武家棟梁であったからこそ、武家政権の首長に就けたことになる。そのことを式で示すと左記の通りになるだろう。

源頼朝＝武家棟梁＝鎌倉幕府の首長

この式を創成期徳川幕府に当てはめた場合、どのような視点が生まれるのであろうか。

2　武家棟梁

徳川幕府の創成期をここでは徳川家康が征夷大将軍に就任した慶長8年から、家康が大御所として亡くなった元和2年までとした。

家康が征夷大将軍に就任するまでの流れを簡単に振り返ってみる。家康は慶長5年（1600）関ヶ原の戦いで勝利し、天下覇権の大きな手掛かりを得たが、あくまで豊臣政権の大老の立場に変わりはなかった。そのため家康は豊臣秀吉の継承者として独自の政権を目指す。それが武家棟梁の官職である征夷大将軍の就任であった。源氏一族を統括する源氏長者であることも朝廷から認められている。家康は朝廷から実績と実力を認められたことで、征夷大将軍となり、また武家棟梁となった。そのことによって徳川幕府を開くことができた。そのことを式で表すと左記の通りとなる。

徳川家康＝征夷大将軍＝武家棟梁＝徳川幕府の首長

ところが、家康は僅か2年余りで3男秀忠に将軍職を譲ってしまう。それは徳川家による世襲化を天下に明らかにするためであったが、元和2年（1616）4月17日家康は源氏長者を秀忠に譲ることなく亡くなる。それでは、家康が征夷大将軍を降りた慶長10年（1605）から亡くなる元和2年までの11年の間、武家棟梁は新たに征夷大将軍となった秀忠が担っていたのであろうか。

鎌倉幕府成立の解釈を見ると、形式基準から実態基準に解釈を大きく舵を切っている。武家棟梁であり武家政権の首長＝征夷大将軍、とは必ずしも言えないことに注目したい。秀忠は征夷大将軍となっても、武家棟梁として徳川幕府の首長となったとは単純に言い切ることはできず、家康は大御所となったが、引き続き武家棟梁として徳川幕府の首長であり続けたとする解釈が成り立つ。

実態基準で捉えた場合、どのように解釈できるのであろうか。家康が征夷大将軍を降りてから亡くなるまでの11年間を年表で読み解く中で、武家棟梁として徳川幕府に君臨した首長は将軍秀忠だったのか、大御所家康だったのか、それとも2人だったのか、その点を明らかにしていきたい。

3　本拠地

源頼朝は幕府を鎌倉で開いたことから、鎌倉幕府と呼ばれている。鎌倉という名を付けた呼び名は明治以降の話であるが、鎌倉は武家政権の首長となった源頼朝が政務する場所、つまり幕府の本拠地であったことを示す用語となっている。

では、徳川幕府の場合はどうだろうか。教科書にある「1603年、家康は、朝廷から征夷大将軍に任じられ、江戸（東京都）に幕府を開きました」の通り、多くの場合、江戸幕府と呼ばれている。鎌倉幕府と同じように、江戸は征夷大将軍となった徳川家康が政務を行う場所、つまり幕府の本拠地は江戸であったことを示す用語となっている。

「まえがき」で書いた通り、当時の政治の中心は畿内にあり、江戸は京都から直線距離で370キロメートルも離れた城も町も十分に整備されていないある意味辺鄙な地であった。畿内から見れば、辺鄙な地に映る江戸も、家康にとっては領国経営の本拠地であったことに間違いない。しかし、日本を統治する本拠地であったかは別次元の話である。家康の行動を見ていくと特にそのことを強く感じる。家康征夷大将軍時代、徳川幕府の本拠地は江戸であったのか、年表を読み解く中で明らかにしたい。

家康大御所時代、2代将軍秀忠が居城としていた江戸が徳川幕府の本拠地であると一般的に見られている。その点についても家康征夷大将軍時代と同じように、年表を読み解く中で明らかにしていきたい。

4　組織

武家政権には武家棟梁をトップに、政治権力を行使する組織があった。家康大御所時代、多くの書物で将軍秀忠と大御所家康の二元政治を取り上げている。この話は家康が大御所として駿府に移り住んだ慶長10年代の徳川政治体制を指す。江戸には将軍秀忠を支える側近・重臣の組織があり、将軍政治が行われ、駿府には大御所家康を支える側近・重臣、そしてブレーンなどで構成する組織があり、大御所政治が行われていたとされている。

では、二元政治といわれる政治体制下、徳川幕府の組織のトップに君臨していた人物は将軍秀忠だったのか、大御所家康だったのか、それとも2人であったのか、またその組織はどのような体系であったのか、年表を読み解く中で明らかにしたい。

5　手順

第2章では「家康征夷大将軍時代の幕府」を取り上げる。慶長5年（１６００）関ヶ原の戦い勝利から慶長10年（１６０５）征夷大将軍退任までの家康の事績を「Ｗｈｅｎ（いつ）」「Ｗｈａｔ（何を）」の要素に「Ｗｈｅｒｅ（どこで）」を加えた年表で表していく。その年表は年表編に掲載する。

年表は慶長5年（１６００）関ヶ原の戦いの勝利からとした。家康はその戦いの勝利によって天下覇権の手掛かりを得たが、豊臣家から独立し、独自の政権を打ち立てるまで、家康は並々ならぬ努力をしていた。その努力の結晶が、家康征夷大将軍時代に繋がっている。歴史は間断なく続く、その歴史を大切にしたい。年表では、家康はその期間どこで過ごし、何をしていたのかを具体的に示し、家康の大老時代と征夷大将軍時代の実像を明らかにしたい。

第3章では「家康大御所時代の幕府」を取り上げる。鎌倉幕府成立年の解釈基準の変更と同じく、家康大御所時代の幕府についても形式基準ではなく、実態基準で見ることにしたい。この時代、将軍秀忠と大御所家康の二元政治が行われていたとされている。徳川幕府の組織を動かしていた武家棟梁は将軍秀忠だったのか、大御所家康だったのか、それともその2人だったのか。年表を読み解く中で武家棟梁を特定し、その組織の実像を明らかにしていきたい。

第4章では、これまでの経緯を踏まえながらまとめに入ろうと考えている。

6　用語「幕府」

徳川政権のことを徳川幕府とか、江戸幕府とかで書き表すように、歴史学上で用語「幕府」は幅広く使用されている。しかし、政治学者である渡辺浩氏によれば、著書『東アジアの王権と思想』（東京大学出版会　1997年10月）のなかで、「法度・御触書等でもその語は用いられていない」「当時最も普通の呼称を使うのが、自然であろう。それは、『公儀』である」と指摘している。渡辺氏以外の研究者もそのことを取り上げている。幕府という用語は当時に立ち戻ると、マイナーな存在であったようだ。しかし、当時幕府という用語は使われることが少なかったとしても、本書のテーマに直接影響を与える事柄でないため、そのような指摘があることを受け止めるだけで留めておきたい。

第2章　家康征夷大将軍時代の幕府

1　関ヶ原の戦いの勝利から征夷大将軍就任まで

『織豊期主要人物居所集成』〈編者藤井譲治　平成23年（2011）6月　思文閣出版〉のはしがきに「本書は、織豊《しょくほう》期に生きた主要人物の居所と行動を確定することを、目的に編まれたものである」とあり、織豊期の主要人物のなかに徳川家康の居所と行動が取り上げられている。この書物を参考に、関ヶ原の戦いに勝利してから征夷大将軍退任までの期間（4年半余り）を、家康の居所と移動に分けて年表としてまとめた。

＜関ヶ原の戦いの勝利～征夷大将軍退任＞

家康の居所と移動の期間（単位：月、閏月含む）

和暦（年）	西暦（年）	年齢	移動	居所と移動の期間（単位：月、閏月含む）			
				大坂	伏見	江戸	移動
慶長5	1600	59	9月関ヶ原の合戦勝利（15日）	/	/	/	/
			関ヶ原➡大坂	/	/	/	0・5
			9月大坂着（27日）	6			

慶長6	1601	60	3月大坂発（23日）				
			3月伏見着（23日）		6・5		
			10月伏見発（12日）				
			伏見→江戸				1
			11月江戸着（5日）			2・5	
慶長7	1602	61	1月江戸発（19日）				
			江戸→伏見				1
			2月伏見着（14日）		7・5		
			10月伏見発（2日）				
			伏見→江戸				1
			11月江戸着（3日以前に）			1	
			11月江戸発（26日）				
			江戸→伏見				1
			12月伏見着（25日）				

年号	西暦	年齢	事項	期間（月）6	31	11・5	8・5
慶長8	1603	62	2月征夷大将軍就任（12日）		9・5		
			10月伏見発（18日）				
			伏見➡江戸				0・5
			11月江戸着（3日）			4	
慶長9	1604	63	3月江戸発（1日）				
			江戸➡伏見				1
			3月伏見着（29日）		5・5		
			閏8月伏見発（14日）				
			伏見➡江戸				1
			9月江戸着（13日頃）			4	
慶長10	1605	64	1月江戸発（9日）				
			江戸➡伏見				1・5
			2月伏見着（19日）		2		
			4月征夷大将軍退任（16日）				

慶長5年（1600）9月、関ヶ原の戦いに勝利した家康は大坂城西の丸に入城し、半年後の慶長6年（1601）3月には伏見に移る。2年後の慶長8年（1603）2月、家康は伏見城で朝廷の使者を迎え、征夷大将軍に就任する。その後慶長10年（1605）4月、僅か2年余りで家康は将軍職を3男の秀忠に譲っている。

前記の表は、その4年半余りの期間を家康の居所と移動、そしてその期間を表している。家康の居所は大坂と伏見、そして江戸の3つの場所であった。この期間を見ると、大坂が6カ月、伏見が31カ月、そして江戸が11・5カ月、移動8・5カ月を含め、家康は伏見で最も多くの時間を過ごしていた。

大老時代と征夷大将軍時代に分けたものが左記の表である。

家康の居所と移動の期間（単位：月、閏月含む）

所在地	大坂	伏見	江戸	移動
大老時代（関ヶ原合戦以後）	6	15・5	3・5	4・5
征夷大将軍時代	0	15・5	8	4
期間（月）	6	31	11・5	8・5

各時代とも、家康は伏見を居所にした時間が最も長かった。大老時代、伏見は江戸の4倍以上、征夷大将軍時代、伏見は江戸の約倍の長さとなっている。将軍になっても、なぜ家康は関東より畿内に長く居たのか、その理由は何だったのか。その答えを見つけ出すために、「When（いつ）」「What（何を）」の要素に「Where（どこで）」を加え、慶長5年（1600）関ヶ原の戦い勝利から慶長10年（1605）征夷大将軍退任までの家康の「時」「居所」「期間」「事績」を示した年表を作成した。それが年表編の年表1と2である。

（1）6カ月間の大坂時代から見ていく。年表1から主な事績を分野別年表にまとめた。

大坂時代（慶長5年9月～慶長6年3月　6カ月間）の分野別年表

分野	時	主な事績
大名	慶長5年10月	西軍石田三成・小西行長・安国寺恵瓊を処刑する
	12月～	西軍諸将の領知を没収、東軍諸将に論功行賞を行う
朝廷・公家	慶長5年11月	禁裏御料所の進献と公家衆領地の加増を奏請する

豊臣家	慶長5年12月〜	豊臣家の所領を大幅に削る
拠点	慶長6年2、3月	徳川一門・譜代を大名として東海地域に入封させる
交通・運輸	慶長6年1月	東海道伝馬制の整備に着手する

関ヶ原の戦いは豊臣政権内の権力闘争として起きた戦であった。家康は東軍の総大将として西軍との戦いに勝利し、大坂城西の丸に入り、政権内の権力を掌握した。戦後処理の手始めとして西軍の大将石田三成らを処刑し、その後、次々と政策を実行していった。第2章では独自に作成した分野別年表を通じて、家康の動静と大坂・伏見・江戸の役割を説明したい。

［大　名］

西軍諸将領地の没収、東軍諸将への論功行賞を開始し、関東・東海の外様大名は加増する形で西国・東国に移した。その後も戦後処理と大名再編成は行われていく。

［朝廷・公家］

豊臣家との関係が深かった朝廷・公家を徳川家に取り込むため、禁裏御料所の進献と公家衆領地の加増を奏請し、台所事情が厳しかった朝廷・公家衆たちの保護政策に動き出す。

［豊臣家］

40カ国に拡がっていた蔵入地（直轄地）222万石は摂津・河内・和泉の３カ国65万石に削っていった。

［拠　点］

尾張清州に４男松平忠吉を、桑名に本多忠勝を入封させるなど、徳川一門・譜代を大名として江戸と京都を結ぶ枢要な地、東海地域に配置し、その地域をほぼ掌握する。

［交通・運輸］

家康は、軍事・政治上必要であった東海道の伝馬制整備に着手する。

（2）大坂から伏見に移った約2年間の大老時代を見ていく。この時代は伏見と江戸を居所とし、その間伏見と江戸の間を2回往復している。それぞれの期間は、伏見15・5カ月間、江戸３・5カ月間、移動期間４カ月間であった。

伏見と江戸、そして移動期間の３ブロックに分けて、年表1から主な事績を分野別年表にまとめた。

①伏見15・5カ月間の分野別年表

（慶長6年3月～10月、慶長7年2月～10月、慶長7年12月～慶長8年2月）

分野	時	主な事績
朝廷・公家	慶長6年5月～	公家・門跡への知行割を行う
寺社	慶長6年5月～	金剛峯寺の学侶・行人方の寺領相論問題を裁決し、高野山寺中法度を出す。紀伊・山城・大和の寺社に寺領を寄進する
財政・経済	慶長6年5、6月	伏見に銀座を設置し、佐渡金山を支配する
大名	慶長6年8月	上杉景勝を会津100万石から米沢30万石に減転封し、加賀藩前田利常と秀忠2女珠姫との婚儀を行う
	慶長7年4、5月	島津氏に薩摩・大隅・日向の所領を安堵、佐竹義宣を常陸水戸54万石から出羽秋田20万石に減転封する
拠点	慶長6年9月	板倉勝重と加藤正次を京都所司代に任命する
	慶長7年5、6月	二条城建設と伏見城修築の普請命令を出す
外交	慶長6年10月～	呂宋、安南国、大泥国、柬埔寨国に復書を送付する
交通・運輸	慶長7年2月	中山道伝馬制の整備に着手する

家康は伏見を居所としていた15・5カ月間、大坂時代よりさらに多くの政策を実行した。

[朝廷・公家]

大坂時代から始めた朝廷・公家の保護政策を推し進め、旧領千石以下の公家・門跡に新知加増する。

[寺　社]

当時の寺社は朝廷・公家の上流社会から、豊臣家や諸大名・武士、そして農民はじめとした一般民衆との結びつきが強く、家康にとって無視できない勢力であった。そのため5カ国時代や関東入国時に寺社領の寄進や安堵を行っていた。関ヶ原の戦いの勝利後は紀伊・山城・大和の寺社に対しても寺社領を寄進している。これは新たな統治者として寺社を保護しようとする家康の姿勢を表している。

家康は寺社の内紛裁決にも関わった。金剛峯寺の学侶・行人方の寺領相論を裁決し、高野山寺中法度を発布している。寺社統制のさきがけとなっている。

[財政・経済]

関ヶ原の戦いで勝利した家康は、軍事・政治を支える財政・経済強化の必要性を感じていた。財政・経済政策のひとつに貨幣制度があった。豊臣秀吉の時代、黄金の分銅をつくったことは有名であるが、当時貨幣制度は整っていなかった。大坂から伏見に移った2カ月後、その第一歩として伏見城下に貨幣鋳造所となる銀座を設けた。

家康は貨幣制度と併せて鉱山採掘も本格的に取り組み始めた。佐渡金山を徳川家の直轄領にしたことはその代表例である。鉱山開発の進展によって、徳川家の経済基盤は飛躍的に強化されていく。

［大　名］

関ヶ原の戦いの翌月の10月に西軍の総大将毛利輝元の所領を山陽・山陰8カ国から周防・長門2カ国に減封するが、戦後処理はまだ続いていた。伏見に移った翌年の8月に上杉景勝を減転封し、さらに翌々年の4月に時間を要した島津氏の問題は所領安堵という形で収め、5月には佐竹義宣を常陸水戸から出羽秋田に減転封している。大名関係強化策として、慶長6年8月に前田家との約束事であった前田利常と秀忠2女珠姫の婚儀を進めた。

［拠　点］

関ヶ原の戦いの勝利後、家康は京都中心に治安の回復に努めていたが、慶長6年9月京都所司代を設けて、京都の治安維持と朝廷・公家の掌握、また豊臣家の監視に当たらせた。慶長7年に入ると畿内の拠点強化策は進み、京都における家康の邸宅として二条城を建設し、関ヶ原の戦いの前哨戦で焼失した伏見城を家康の政庁として再建していった。

【外　交】

早くから海外との交易に関心を持っていた家康は、関ヶ原の戦いの翌年の10月には安南（アンナン）国に復書を送り、朱印船制度設置を告げている。いわゆる朱印船貿易である。呂宋（ルソン）、大泥（パタニ）国、柬埔寨（カンボジア）国などの諸外国にも復書を送り、善隣外交を展開する中で、朱印船貿易は開始された。外交権は家康の手にあった。

家康に国書を送ってきたことを考えると、諸外国はすでに家康が日本の実質的な権力者であると認めていたと言える。

【交　通】

慶長６年１月に江戸と京都を結ぶ太平洋側の東海道の伝馬制整備に入ったが、翌年の慶長７年２月には日本列島の中央部を縦断する中山道の伝馬制整備に着手している。

西日本は古くから瀬戸内海を中心に海上交通が発達していたが、東日本は船が停泊する港湾が少なく、西日本に比べ海運の発展が遅れ、海上交通に頼れない状況にあった。街道の整備は政治・軍事にとって重要な政策、東日本に領国が偏っていた徳川家にとって、政治の中心京都と円滑に行き来できる陸上交通の整備が喫緊の課題であった。中山道は東海道に次ぐ街道として伝馬制整備を開始した。

②江戸3・5カ月間の分野別年表
（慶長6年11月～慶長7年1月、慶長7年11月）

分野	時	主な事績
拠点	慶長6年12月	青山忠成を江戸町奉行と関東総奉行に任命する

③移動4カ月間の分野別年表
（慶長6年10月～11月、慶長7年1月～2月、慶長7年11月～12月）

分野	時	主な事績
徳川家	慶長7年11月	5男武田信吉を常陸水戸28万石の大名とする

②と③は、領国経営の本拠地江戸・関東の強化策であった。

［拠点］

関ヶ原の戦いがあった翌年の12月に家康は町政を司る江戸町奉行と領国を支配する関東総奉行を青山忠成に任命している。領国経営の本拠地江戸・関東に関わる体制強化の政策である。内藤清成もこの頃任命されている。

【徳川家】

慶長7年5月に家康は佐竹義宣を関東の要衝の地常陸水戸から出羽秋田に転封させていたので、その半年後に20歳の5男武田信吉に水戸28万石を与えた。

（3）家康の大老時代（関ヶ原の戦い後～征夷大将軍就任前）を大坂、伏見、江戸の3居所とその間の移動の4ブロックに分け、年表1から主な事績を分野別年表として作成し、それぞれの政策を見てきた。次の2表はその居所期間と分野数、そしてその内訳を示したものである。

家康大老時代の居所期間と分野数

（居所期間：月、閏月含む、分野数：その数）

	大坂	伏見	江戸	移動
居所期間	6	15・5	3・5	4・5
分野数	5	7	1	1

分野別項目

	大名	朝廷・公家	豊臣家	拠点	交通・運輸	寺社	財政・経済	外交	徳川家	計
大坂	○	○	○	○	○					5
伏見	○	○		○	○	○	○	○		7
江戸				○						1
移動									○	1

居所期間が長いほど分野数は多く、その長さとその分野数は正比例している。そこで行われた政策の違いも明らかである。大坂時代は大名再編成に繋がる戦後処理を大胆に行い、伏見に移った後は国内外の諸課題に積極的に取り組み始めた。一方、江戸に戻った時とそ

の移動時は関東領国の体制強化であった。

分野：拠　点

	大坂	伏見	江戸
対象地域	東海	京都 伏見	江戸 関東

分野項目の中で3居所が共通していたのは拠点である。しかし、その対象地域は大きく異なっていた。大坂時代はいち早く京都と江戸を繋ぐ東海地域を押さえ、伏見移転後は政治の中心京都と伏見の体制を強化している。一方の江戸帰還時は江戸と関東の体制強化であった。

畿内の大坂と伏見、関東の江戸ではその役割は大きく異なっていたことが分かる。大坂と伏見は日本を統治する場所、江戸は関東領国を経営する場所であったことである。これから徳川政権を樹立し、日本をまとめていくには、西国大名をはじめとした諸大名や京都の朝廷・公家、大坂の豊臣家、大寺社など巨大な諸勢力と直接向き合い、コントロールしていく必要があった。そのことができる場所が豊臣秀吉の政庁であった伏見城だったのである。大老時代、家康が伏見に江戸の4倍以上長く居続けた理由は、まさにそこにあった。

2　征夷大将軍就任から退任まで

「家康征夷大将軍時代の幕府」の本題に入る。「まえがき」で小学校教科書（『新しい社会6歴史編』東京書籍　平成31年3月26日検定済）を取り上げ、その教科書に「1603年、家康は、朝廷から征夷大将軍に任じられ、江戸（東京都）に幕府を開きました」があることを紹介した。

このような記述からは、征夷大将軍となった家康は江戸の地で日本統治の政治を行っていたと一般的に解釈されるであろう。ところが次の年表が示す通り、家康は慶長8年（1603）2月に伏見で征夷大将軍に就任し、そのまま8カ月伏見の地に居続けた。江戸ではなかったのである。慶長10年（1605）4月に退任するまで江戸に2回戻っているが、常に伏見を起点にしている。征夷大将軍在任中の2年2カ月、家康は8カ月を江戸、そして何とその約倍の15・5カ月、伏見を居所としていた。

＜征夷大将軍就任～征夷大将軍退任＞

家康の居所と移動の期間（単位：月、閏月含む）

和暦（年）	西暦（年）	年齢	移動	居所と移動の期間 伏見	江戸	移動
慶長8	1603	62	2月征夷大将軍就任（12日）	8		
			10月伏見発（18日）			
			伏見⬇江戸			0・5
			11月江戸着（3日）		4	
慶長9	1604	63	3月江戸発（1日）			
			江戸⬇伏見			1
			3月伏見着（29日）	5・5		
			閏8月伏見発（14日）			
			伏見⬇江戸			1
			9月江戸着（13日頃）		4	

慶長10年	1605	64	1月江戸発（9日）			
			江戸⬇伏見			1・5
			2月伏見着（19日）	2		
			4月征夷大将軍退任（16日）			
期間（月）				15・5	8	4

この年表からすれば、家康の主な居所の地は伏見となるだろう。そうなると、教科書にある「江戸（東京都）に幕府を開きました」と言えるのか、疑問である。

そこで、伏見の地と江戸の地で家康はどのような政策を実行していたのか、居所期間と併せて、その実像に迫ることにしたい。伏見と江戸、そして移動時の3区分に分け、年表2から主な事績を分野別年表にまとめた。

（1）伏見

伏見15・5カ月間の分野別年表

（慶長8年2月～10月、慶長9年3月～閏8月、慶長10年2月～4月）

分野	時	主な事績
徳川家	慶長８年２月	朝廷から征夷大将軍に任命される
大名	慶長８年３月	諸大名に江戸大改造事業の助役命令をする
	８月	宇喜多秀家、駿河の久能に流罪する（慶長11年４月伊豆八丈島へ）
	慶長９年７月	諸大名に彦根城普請の助役命令をする
	８月	諸大名に郷帳と国絵図の作成・提出を命令する
拠点	慶長８年３月	江戸大改造事業に着手する
	４月	直臣小笠原一庵を長崎奉行に任命する
	慶長９年６月	江戸城増築計画を発表する（着工まで２年近く要した）
	７月	彦根城の築城を開始する
農政	慶長８年３月	関東総奉行内藤清成・青山忠成連署による農政の基本法、「諸国郷村掟七ヶ条」を発布する
豊臣家	慶長８年７月	孫の千姫を大坂城の秀頼に嫁がせる
	慶長９年８月	豊国社臨時祭を秀頼とともに施主となって執行する

外　交	慶長10年3月	朝鮮国使と引見する。本多正信・西笑承兌（幕府）を講和に当たらせる
交通・運輸	慶長8年10月	木村勝正らに淀川過書船の管掌を許可する（淀川過書船条書）
財政・経済	慶長9年5月	本多正純・板倉勝重に糸割符導入を指示する

家康は征夷大将軍に就任したことで、大きな転機を迎えた。

［徳川家］

家康は慶長8年（1603）2月朝廷の勅使を伏見城に迎え、征夷大将軍の宣下を受けた。また源氏長者に補任された。征夷大将軍という伝統ある権威を獲得したことで、豊臣家の家臣の身から解き放たれ、名実ともに時の権力者となった。その効果はすぐに政策面に表れることになる。特に「大名」と「拠点」が顕著である。

［大　名］

慶長8年2月　家康は征夷大将軍に就任したことで、軍事指揮権（軍令）に準じた命令を3月に発令している。それが江戸市街地拡張工事の助役命令である。江戸城大改築前に、江戸市街地の拡張工事を行う必要があった。これまで江戸城と江戸城下の本格的な整備に入れなかった。諸大名に江戸市街の経営を割り当て、神田山切り崩しなど、江戸市街地拡張を目的とする助役命令を発している。その翌年の７月には彦根城普請の助役命令も出している。

戦後処理は最終盤を迎えていた。慶長８年８月家康は鹿児島に逃れていた西軍の副大将宇喜多秀家を駿河の久能に流す。その２年半後の慶長11年３月大御所となっていた家康は自身の拠点を駿府に移すと決めると、その年の４月に宇喜多秀家を久能から伊豆八丈島に流している。

慶長９年８月家康は諸大名に村の石高を示す郷帳と領国の図面となる国絵図の作成・提出命令を下している。豊臣政権時代、豊臣家は全国の土地を掌握するために郷帳と国絵図を諸大名に提出させていたが、今度は徳川家が豊臣家に替わって全国の土地の掌握に乗り出した。大名統制の重要な政策であった。大名が提出した時期は慶長10年秋以降となるが、提出先は大御所家康であった。将軍秀忠ではなかった。

【拠　点】

慶長８年３月家康はこれまで手が回らなかった江戸の大改造に取り組み始めた。それが江戸市街地拡張工事である。江戸城を大改築する前に市街地の拡張を行う必要があった。

慶長9年6月には江戸城増築計画を発表するが、その着工は江戸市街地拡張工事から3年後の慶長11年3月の時で、家康はすでに将軍職を降り、大御所となっていた。江戸城増築計画を発表した慶長9年6月の翌月、西国大名を牽制し、畿内を防衛する彦根城築城を開始している。軍事拠点の強化は関東よりも畿内およびその周辺を優先的に行われていたことがわかる。

慶長8年4月家康は直臣小笠原一庵を長崎奉行に任命している。これまでは豊臣秀吉が命じた肥前唐津城主の寺沢広高が長崎奉行をしていた。この奉行交代により長崎貿易の掌握と長崎の直轄下へと向かう。慶長9年5月長崎貿易の糸割符導入、慶長10年9月長崎の直轄下である。

次に豊臣家との関係にも注目したい。

【豊臣家】

征夷大将軍になった家康は亡き太閤秀吉との約束事を実行している。それが慶長8年7月の孫千姫と豊臣秀頼との婚姻である。豊臣家との融和策であった。

家康は大老時代まで大坂の秀頼に年頭の礼を述べる立場であったが、征夷大将軍になると伏見で豊臣秀頼の使者から年頭の礼を受ける立場になった。家康は大坂城に出向くことはなくなる。同年8月豊臣秀頼とともに豊国社臨時祭の施主となっている。豊臣家の重要な行事に征夷大将軍の立場として関わり、豊臣秀吉が築いた豊臣家の絶対的権威は相対化し、徳川家の権威は豊臣家に勝っていく。

その他の重要政策も見てみたい。

［農　政］

家康は征夷大将軍になった翌月、関東領国向けに農政の基本法度を発布した。それが関東総奉行内藤清成・青山忠成連署による「諸国郷村掟七ヶ条」である。

この「七ヶ条」は次のような内容になっている。

第一条：百姓は代官や領主の不当な支配によって村から離れた場合、その領主から申し立てがあっても戻らなくてもよい。

第二条：農民の年貢未納があった場合、近隣の年貢率をもって奉行所で清算すれば、どこに住居してもよい。

第三条：地頭（代官や領主）を直訴する場合は、村を立ち退く覚悟でなければならない。その覚悟がなければ、直訴できない。

第四条：免相（年貢率または貢租額）は近隣を参考に決め、年貢の直訴は許さない。

第五条：直訴は原則禁止であるが、人質をとられ仕方ない場合は直訴を許す。まず代官に申し上げ、また奉行所に参上し、訴えること。その訴えが認められない時は直訴を許す。その過程を経なければ直訴は認めない。

第六条：代官衆の不当な支配があれば、直訴してもよい。

第七条：百姓をむやみに殺してはならない。たとえ罪があっても、捕らえて、奉行所で対決して裁断すること。

末尾に「右条々、依仰執達如件」（『御当家令条』23巻）とあり、「右の事柄は征夷大将軍家康様が仰っていることである。よって皆の者に伝達する。以上である」と読めることから、家康は伏見の地から関東総奉行内藤清成と青山忠成に指示したことが分かる。

家康は江戸に戻った時、必ず鷹狩りに出かけ、関東各地を視察している。第一条で代官や領主の不当な支配が原因で百姓が村から離れた場合、その領主から申し立てがあっても戻らなくてもよいとあり、最後の第七条には百姓をむやみに殺してはならないと明記されているところを見ると、代官や領主の悪政により、百姓たちは痛めつけられ、悲痛な声が上がっていたであろうことは想像に難くない。

この「諸国郷村掟七ヶ条」は、家康の思いが反映されている。国づくりの根幹は農業にあり、それを揺るがすような不当な支配は放置できなかったのである。その掟の中に百姓切り捨て御免の禁止条項が入っていることに注目したい。家康の人となりがうかがえるからである。久能山東照宮の拝殿中央の蟇股に人の命の大切さを伝える「司馬温公のかめ割り」の彫り物がある。神になってもそのことを願っていた。

【外　交】

この時期の注目は朝鮮との関係である。朝鮮との国交回復に熱心であった家康は慶長10年3月伏見城で秀忠と共に朝鮮国使と引見し、本多正信・西笑承兌を講和に当たらせている。その成果は2年後に結実する。征夷大将軍となった秀忠は慶長12年4月江戸城で朝鮮使節から国書を受け取り、復書を与え、5月家康は駿府で使節と引見したことで、朝鮮との国交が回復している。朝鮮使節が向かう先をまず江戸に、その帰りに駿府とする順序は家康の考えに基づいていた。

【交通・運輸】

慶長8年10月家康は木村勝正らに伏見・大坂間の通航免許書を必要とする淀川過書船を管掌させた。陸上の交通手段として畿内の河川航路の管理を強化していった。

【財政・経済】

この時期の注目は慶長9年5月の長崎貿易糸割符導入である。家康は本多正純・板倉勝重に命じて糸割符を導入し、ポルトガルから中国生糸の売却価格決定権を奪い、京都・堺・

長崎の商人に輸入生糸の一括購入特権を与えている。長崎貿易の管理強化である。

（2）江戸・移動

江戸8カ月間の分野別年表

（慶長8年11月～慶長9年3月、慶長9年9月～慶長10年1月）

分野	時	主な事績
徳川家	慶長8年11月	10男頼宣、常陸水戸（20万石）の大名に任命する
大　名	慶長9年1月	「蝦夷統治三ヶ条」の定め、松前慶広に蝦夷統治特権を許可する
交通・運輸	慶長9年2月	日本橋を五街道の起点とする

移動4カ月間の分野別年表

（慶長8年10月～11月、慶長9年3月、慶長9年閏8月～9月、慶長10年1月～2月）

分野	時	主な事績
なし		

【徳川家】

慶長8年9月に21歳の5男水戸城主武田信吉が亡くなる。10月家康は江戸に戻るため伏見を出発するが、その時伏見生まれの4歳の9男義直と2歳の10男頼宣を江戸に連れていく。すでに慶長8年1月に幼少の9男義直に甲斐25万石を与えていたが、11月にはさらに幼少の10男頼宣に常陸水戸（20万石）を与えている。徳川将軍家を支える徳川一門を意識的に作り上げていった。

【大　名】

慶長9年1月江戸に参勤してきた松前慶広に「蝦夷統治三ヶ条」を与え、蝦夷統治特権を許可した。

【交通・運輸】

日本橋を五街道の起点とすることで、今後整備されていく道路網の中心は江戸であることを表明した。

（3）伏見と江戸、そして移動時の3区分に分け、家康の政策を見てきた。次の2表の通りそれぞれの居所期間と分野数は大老時代と同じく正比例している。

家康征夷大将軍時代の居所期間と分野数
（居所期間：月、閏月含む、分野数：その数）

	伏見	江戸	移動
居所期間	15・5	8	4
分野数	8	3	0

分野項目

	伏見	江戸	移動
徳川家	○	○	
大名	○	○	
拠点	○		
農政	○		
豊臣家	○		
外交	○		
交通・運輸	○	○	

財政・経済	○		
計	8	3	0

家康は征夷大将軍に就任したことで、権威を獲得する。権力と権威を持った家康は名実ともに日本統治の権利を得たことを意味した。新しい日本を創成していく権利である。日本統治に欠かせない条件のひとつに全国の土地の掌握があった。そのために諸大名に郷帳と国絵図の作成・提出を命令している。その命令は伏見から下している。征夷大将軍の最大の権限は軍事指揮権（軍令）であった。家康は征夷大将軍就任直後からそれに準じた命令を発している。それが江戸城大改築の前段にあたる江戸市街地拡張工事の助役命令である。さらに西国大名を牽制する彦根城築城の助役命令も発令している。これらの命令も伏見の地からであった。将軍就任前から家康は外交権を握っていた。

外交権は日本を代表する者だけが有していた。朝鮮との国交回復を願っていた家康は伏見の地で朝鮮国使と引見している。領国経営に当たるものとして、関東領国向けの「諸国郷村掟七ヶ条」がある。これも伏見の地から関東総奉行に指示していた。これら重要な政策は伏見で行っていたことになる。

当時の江戸は領国経営の本拠地であるが、日本統治の地としては環境が整っていなかった。家康が将軍となってから江戸市街地拡張工事が始まっているところからも分かる。まだ江戸城の本格的な増築はできなかった。日本橋を五街道の起点と決めたが、東海道と中山道の伝馬制整備が行われていた時期で、五街道の整備はさらに時間を要した。

家康征夷大将軍時代の幕府は次のような順序で結論付けたい。

江戸は政治の中心畿内から遠く離れていた

⬅

江戸市街地拡張工事は始まったばかりである
江戸城の本格的な改築に至っていなかった

⬅

江戸は日本を統治する環境になかった

⬅

江戸での政策分野数が少ない

⬅

畿内は政治の中心地であった

伏見城は征夷大将軍就任の前年から修築工事に入っている
⬅
伏見は日本を統治する環境が揃っていた
⬅
伏見の居所期間は江戸の約倍であった
⬅
伏見での政策分野数は多く、内容も充実していた
⬅
結論：家康征夷大将軍時代の本拠地は伏見であった（伏見幕府）
江戸の地ではなかった。

当時の政治・経済・文化の中心地がどこなのかを考えれば、この結論は理解しやすい。日本の中心は畿内にあった。京都の朝廷・公家、大坂の豊臣家や豊臣恩顧の大名、さらに多くの大寺社などの巨大諸勢力が畿内及びその周辺、そして西国にひしめいていた。家康が伏見の地にその身を置く理由はまさにそこにあった。いかにこれらの諸勢力と対峙して

いくか。そしていかに自らを頂点とする武家政権を築いていくのか。それが家康にとって最大の課題であった。その課題は各分野にわたる政策の実行によって克服し、家康は諸勢力をコントロールできる段階まで来た。家康にとって伏見の地は日本の統治にもっともふさわしい場所だったのである。畿内から直線距離で350キロメートルから400キロメートルも離れた江戸では、家康の力をもってしても時の政治を動かすことはできなかった。地政学的力学は間違いなく働いていたのである。

第3章　家康大御所時代の幕府

1　征夷大将軍退任から駿府入りまで

第2章では家康征夷大将軍時代、一般的には徳川幕府の本拠地は江戸と見られているが、実は伏見であり、伏見幕府であったと結論付けた。

ここからは家康大御所時代を取り上げる。歴史解説書を読むと、家康大御所時代は江戸の将軍秀忠と駿府の大御所家康による二元政治体制とする話が多い。別の解釈もある。たとえば、家康は駿府で黒幕政治を行い、江戸の将軍秀忠を操っていた。駿府は幕府の謀略機関だった。いや駿府は幕府の補完機関に過ぎなかった、などなど。

私はここ6、7年、駿府城天守台跡の発掘現場にある発掘情報館「キャッシル」で静岡市文化財サポーターとして多くの来場者の方と出会える機会を得ている。駿府城は家康の隠居城とされているためか、家康は江戸の2代将軍秀忠に実権を渡し、駿府城でのんびりと余生を過ごしたと受け止めている方が思いのほか多いことに驚いている。

家康大御所時代を取り上げるにあたって、将軍職退任から死去までの11年間を3つに区切ることにする。

1つ目：慶長10年4月征夷大将軍退任から慶長12年3月駿府入りまで

2つ目：慶長12年3月駿府入りから慶長16年3月京都上洛まで

3つ目：慶長16年3月京都上洛から慶長20年5月大坂の陣、そして元和2年4月大御所家康死去まで

最初に慶長10年4月将軍職退任から同12年3月駿府入りまでの2年間を見ていく。『織豊期主要人物居所集成』に従って、家康の居所と移動の年表を作成した。

＜征夷大将軍退任～駿府入り＞

家康の居所と移動の期間（単位：月、閏月含む）

和暦（年）	西暦（年）	年齢	移動	居所と移動の期間		
				伏見	江戸	移動

年号	西暦	年齢	事項	期間（月）10・5	期間（月）8・5	期間（月）4・5
慶長10	1605	64	4月征夷大将軍退任（16日）	5		
			9月伏見発（15日）			
			伏見→江戸			1・5
			10月江戸着（28日）		4・5	
慶長11	1606	65	3月江戸発（15日）			
			江戸→駿府→伏見			1
			4月伏見着（6日）	5・5		
			9月伏見発（21日）			
			伏見→駿府→江戸			1・5
			11月江戸着（4日）		4	
慶長12	1607	66	2月江戸発（29日）			
			江戸→駿府（3月11日着）			0・5

年表の通り、将軍職退任から駿府入りまで約2年、伏見は10・5カ月、江戸は8・5カ月、移動は4・5カ月であった。ここでの特徴点は、伏見と江戸の間を行き来するなか、伏見

の居所期間がやや短くなったこと、そして移動中に2度駿府に立ち寄っていたことである。最大の注目点は、大御所家康が新たな拠点を伏見から駿府に決めたことである。家康の行動から見ると、まるで駿府以外に候補地がなかったかのように思われる。

伏見で徳川幕府の基盤を築いた家康は、慶長10年4月その基盤をさらに強固なものにするため、源氏一族の長となる源氏長者を保持したまま、将軍職を3男秀忠に譲るという奇策に出た。徳川家による将軍職世襲化である。いずれ政権を取り戻せると考えていた豊臣家は、大変なショックを受けたはずである。元家臣であった家康から秀頼の上京を促されて、淀殿がヒステリックに拒否していることからも分かる。

家康が征夷大将軍を秀忠に譲り、源氏長者を保持した理由はどこにあったのだろうか。家康が目指す徳川体制はまだ道半ばであった。秀忠が征夷大将軍になったからと言って、一気に世代交代ができるほど甘い時代ではなかった。秀忠を征夷大将軍として育てるには時間がかかる。厳しい戦国時代を生き抜いてきた大名達は、実力ナンバーワンの徳川家康に従っているにすぎない。源氏長者の保持は、徳川体制を盤石にするため、現役続行の意志を天下に示す意味があったと理解している。大御所は将軍職を降り、隠居した人物を尊称した言葉となっているが、家康のその後の動きを見る限り、隠居とは真逆の現役バリバリの活躍をしている。家康には隠居する意思は微塵もなかった。

左記の年表は、年表編の年表３から、慶長10年４月将軍職退任から同12年３月駿府入りまでの過程を拾い出している。

時	人物	主な事績
慶長10年４月16日	家康	源氏長者を保持したまま、征夷大将軍を退任する
	秀忠	征夷大将軍に任じられる
５月15日	秀忠	伏見を発ち、６月４日に江戸に戻る
９月15日	家康	伏見を発ち、10月28日に江戸に着く
慶長11年３月１日	家康	以前から計画していた江戸城の大増築工事に着手する
３月15日	家康	江戸を発ち、駿府に向かう
３月20日	家康	駿府に着く。駿府城を視察、居城にすることを決める
４月６日	家康	伏見に戻る
４月	家康	内藤信成を駿府から近江長浜に移す
		宇喜多秀家を駿河の久能から伊豆八丈島に流す

9月19日	家康	伏見城の本丸・天守・諸門の番を定める
9月21日	家康	伏見城の留守を結城秀康に託す。江戸に向かう
9月23日	秀忠	江戸城本丸工事が終わり、本丸に入る
10月6日	家康	駿府に着く。駿府城を川辺の地に移そうと計画する
11月4日	家康	江戸に着く
11月6日	家康	駿府城を川辺の地に移す計画を中止
慶長12年2月17日	家康	北国・西国の大大名を動員し、駿府城大増築工事に着手
2月29日	家康	江戸を発つ
3月11日	家康	駿府に入る

慶長10年4月家康は将軍職を辞任したあとも伏見に在城する。9月伏見を発って、10月に江戸に着く。家康は慶長11年3月に江戸城大増築工事を命じ、今度は伏見に向け出発する。3月20日駿府に立ち寄り、駿府を新たな拠点に決める。3月は江戸城の本格的な増築の命令と家康の新たな拠点の決定をほぼ同時に行った月であることに注目したい。その翌月の4月に家康の異母弟内藤信成駿府城主を駿府から近江長浜に移し、関ヶ原の戦いの西

軍副大将であった宇喜多秀家を駿河の久能から伊豆八丈島に流している。これら一連の動きが慶長11年３月と４月に集中しているところを見ると、江戸城の大増築と駿府入りの計画が同時に進められていたことが分かる。

慶長11年９月家康は江戸に向かう。伏見城の留守を次男結城秀康に託す形にして、家康は本拠地としていた伏見から完全に去る。家康が伏見を出発して２日目の９月23日には江戸城の本丸に秀忠が入っている。家康が伏見を離れ、江戸に向かう最中に、秀忠が江戸城の本丸に入った意味は大きい。なぜならば、家康は以前から江戸城の新たな城主を秀忠に決めていたことを示しているからである。さらに当初から家康が江戸城を自身の本拠地にする気はなかったことも示唆しているのである。慶長８年３月からの江戸大改造事業、その３年後の慶長11年３月の江戸城大増築事業は、結果的に秀忠を江戸城の城主とするための事業だった。

年表編の年表３から、伏見と江戸、そして移動の３つに分けて主な事績を分野別年表にまとめた。第３章からは分野別年表を通じて、大御所家康と将軍秀忠の立場の違いと伏見・江戸・駿府の役割を説明したい。

①伏見（10・5カ月）

分野	時	人物	主な事績
徳川家	慶長10年4月	家康	源氏長者保持のまま将軍職を退任
		秀忠	征夷大将軍に任じられる
豊臣家	慶長10年5月	家康	秀忠将軍就任祝いに秀頼の上京を促す。淀殿拒否する
大名	慶長10年6月	家康	諸大名を伏見城に召して嘉定の儀を行う
寺社	慶長10年8月	家康	家康奏請により仁和寺宮が諸門跡首座となる
拠点	慶長11年4月	家康	内藤信成を駿府から近江長浜に移す
			宇喜多秀家を駿河の久能から伊豆八丈島に流す
外交	慶長10年9月	家康	ルソンに年4回の商船の来航を許可する
	慶長11年8月〜	家康	奇楠香を求め、占城国王、安南国王、柬埔寨国王、暹羅国王に書翰を送る
朝廷・公家	慶長11年4月	家康	武家の官位、武家伝奏に家康の推挙なく与えないよう求む
交通・運輸	慶長11年8月	家康	角倉了以に命じた嵐山の大堰川舟路開削が完成する

〔徳川家〕

慶長10年4月に家康は源氏長者保持のまま将軍職を退任し、秀忠は征夷大将軍に任じられる。征夷大将軍の徳川家世襲化である。

〔豊臣家〕

慶長10年5月家康は秀忠将軍就任祝いに秀頼の上京を促す。淀殿の反発が強く、豊臣家から拒否される。徳川家と豊臣家との関係が逆転したことを天下に示そうとしたが、失敗に終わる。

〔大　名〕

慶長10年6月家康は諸大名を伏見城に召して、疫病の退散と健康招福を祈願する嘉定の儀を行った。幕府の求心力を高める行事となっていく。

〔寺　社〕

慶長10年8月家康の奏請により仁和寺宮が諸門跡の首座となる。将軍職を辞任して4カ月後、皇族・公家が住職を務める門跡首座に関わる人事に関与している。家康は朝廷・公家、そして寺社への影響力をさらに強めていった。

〔拠　点〕

慶長11年4月駿府を大御所の拠点とするため、異母弟の内藤信成駿府城主を近江長浜に移し、関ヶ原の戦いの副大将であった宇喜多秀家を駿河の久能から伊豆八丈島に流している。

家康が征夷大将軍を降りた慶長10年の年に注目している。関ヶ原の戦い勝利後、慶長6年から家康が進めていた第一段階目の軍事拠点強化策に目途が付いた年に当たるからである。伏見・京都、そしてその東側エリアの軍事拠点の充実である。

伏見城：家康の政庁であり、大坂の豊臣家や西国大名を監視する
二条城：朝廷・公家を監視し、大坂の豊臣家と西国大名の監視に当たる
膳所城：京都の東の入口を抑える
彦根城：畿内を防衛し、西国大名を牽制する
福井城：北陸から畿内に通じる要衝の地を治める
加納城：中山道を治める

【外　交】

慶長10年9月家康はルソンに年4回の商船の来航を許可する。翌年の8月からは香料最優品の奇楠香に異常な執念を示していた家康は、その奇楠香を求めて占城（チャンパ）国、安南（アンナン）国、柬埔寨（カンボジア）国、暹羅（シャム）国に書翰《しょかん》を送っている。外交・交易は大御所の専権事項であった。

【朝廷・公家】

家康は朝廷政策のひとつとして、武家の官位を家康の推挙なく与えないよう武家伝奏に求めた。慶長11年４月28日の『慶長日件録』には次のよう書かれている。

武家者共官位之事、無御吹挙者、一圓被成下間敷由固可令申伝々

官位と言えば朝廷の専権事項であった。その専権事項に家康は直接口出ししたことになる。自らの手で武家の官位を差配しようと、家康は朝廷の運営に楔を打ち込んだ。ただし、それが明文化されるまでにさらに10年を待たなければならなかった。それが禁中并公家諸法度である。

【交通・運輸】

家康は畿内水運の整備に力を入れていた。将軍時代の淀川過書船条書に加えて、慶長11年８月には角倉了以に命じていた嵐山の大堰川舟路開削が完成している。

②江戸（8カ月）

分野	時	人物	主な事績
組織	慶長11年1月	家康	関東総奉行内藤清成・青山忠成に対し、鷹狩りのことで激怒
		秀忠	両者を解任し、蟄居させる
大名	慶長11年3月	家康	西国大名に江戸城増築の助役を命じる
	慶長12年2月		北国・西国の大名を動員して、駿府城増築工事に着手する
拠点	慶長11年3月	家康	江戸城増築に着手する
	慶長12年2月		駿府城増築に着手する
財政・経済	慶長11年	家康	駿府両替町二丁目に銀座を設置する
徳川家	慶長12年1月	家康	家康、秀忠の年賀を受ける
交通・運輸	慶長12年2月	家康	伝馬朱印を改定する

［組　織］

秀忠が征夷大将軍に就いても、徳川家における大御所家康の絶対的地位は揺らがなかった。そのことを象徴する事件があった。慶長11年1月関東総奉行内藤清成と青山忠成が地元の農民に家康の狩場の害鳥捕獲を認めていたことを知って、家康は激怒した。その怒りに恐れをなした秀忠は自分の家臣である両人の職を解き、蟄居させているのである。

［大　名］［拠　点］

慶長11年、第二段階目の軍事拠点強化策が開始した。その第一陣が、慶長11年3月の江戸城大増築と慶長12年2月の駿府城大増築である。江戸城大増築は将軍が居城するにふさわしい城に造り替える事業であり、西国大名に普請助役を命じている。駿府城大増築は大御所が居城するにふさわしい城に造り替える事業であった。北国・西国の大名を動員して着手している。家康は軍事指揮命令に準ずる普請助役命令権を保持していた。

［財政・経済］

家康は新たな本拠地を駿府に決めた翌年に、駿府に銀座を設置している。当時の江戸には銀座はなかった。

［徳川家］

慶長12年1月1日に家康は秀忠の年賀を受けている。ここでも大御所家康と将軍秀忠の立場の違いがはっきりと表れている。その後も駿府で秀忠の使者から年頭の礼を受けている。

［交通・運輸］

家康は自らの拠点を伏見から駿府に移す直前の慶長12年2月に伝馬朱印を改定する。「伝馬無相違可出者也」という朱印の右半分を大御所家康、左半分を将軍秀忠が使用することに決め、京都と江戸を結ぶ街道の伝馬制度を円滑に運用できる仕組みにした。

③移動（4カ月）

分野	時	人物	主な事績
拠点	慶長10年9月	家康	美濃加納の普請を検分する
	慶長11年3月	家康	駿府城を居城にすることを決める
	9月	秀忠	江戸城本丸に入る

［拠　点］

家康は伏見と江戸の間を行き来するなか、慶長10年9月中山道を治める美濃加納の普請を検分している。慶長11年３月駿府を伏見に替わる拠点と決め、その半年後の９月に工事終了した江戸城本丸に秀忠が入っている。その半年後の慶長12年３月には家康は駿府入りしている。征夷大将軍となった秀忠を江戸城の城主にすること、大御所家康自身は伏見から駿府に移ること、これらはすべて家康の考えに基づいていた。

慶長11年３月に家康が伏見から駿府に拠点を移すと決断できた背景に、慶長10年まで進めてきた第一段階目の軍事拠点強化策に目途が付いたことが大きかった。伏見・京都、そしてその東側のエリアの軍事拠点の充実である。それにより、時の政治に大きな影響を与える朝廷・公家、豊臣家、西国大名、そして寺社らの巨大勢力を政治的軍事的にコントロールできる一定の環境が整ったのである。

自らの意志で政治を動かせると確信した家康は、２つの矢を放った。１つ目の矢は３男秀忠に将軍職を譲ること。徳川家が将軍職を世襲すると明らかにし、秀忠を次の時代を担う将軍として育てること。それが慶長10年４月の秀忠将軍就任であった。２つ目の矢は伏見の地から離れること。自分抜きでは政治は動かない、朝廷の権威やしきたりに縛られる地に留まる必要はない、自由に自分の思い描く新しい国づくりができる場所に移ればよい、それが慶長11年３月の伏見から駿府に移る決断であった。家康の動きを見る限り、駿府以外の候補地はなかったと言ってよい。家康の年齢は65歳になっていた。織田信長は49歳、豊臣秀吉は62歳で亡くなっている。すでに2人の年齢を超えている。時間が欲しい。年齢との戦いでもあった。なぜ駿府が選ばれたのかは、次の「2　駿府入りから上洛まで」のところで触れていきたい。

この時期は将軍秀忠と大御所家康の二元政治といわれる体制に入っていなかった。この2年間は、周到な準備のもとで征夷大将軍職を秀忠に譲り、江戸城の城主を秀忠にし、家康自身は伏見から駿府に移るための期間だった。家康が伏見で徳川幕府をスタートさせてから4年の歳月が経過していた。

2　駿府入りから上洛まで

ここからは慶長12年（1607）3月家康が大御所として駿府に移ってから慶長16年（1611）3月京都に上洛する4年余りを取り上げる。この期間の事績は年表編の年表4にまとめた。

一般的にこの時期から将軍秀忠と大御所家康による二元政治が始まったと言われてい

る。徳川幕府の組織を動かしていた武家棟梁は将軍秀忠だったのか、大御所家康だったのか、それともその2人だったのか。年表を読み解く中で、明らかにしていきたい。

　年表編の年表4から大御所家康と将軍秀忠の分野別年表を作成した。

①大御所家康の分野別年表

分野	居所	時	主な事績
徳川家	駿府	慶長12年3月	伏見城の金銀器財を駿府に移す
	江戸	慶長12年10月	秀忠に金3万枚・銀1万3000貫贈与する
	駿府	慶長13年〜	駿府城で秀忠の使者から年頭の礼を受ける
		慶長13年8月	駿府に来た秀忠から駿府城本丸移徙の祝賀を受ける
		慶長16年3月	9男義直と10男頼宣を伴い、後水尾天皇即位礼のために駿府を発つ
拠点	駿府	慶長13年1月	駿府城本丸再建のため木曽・熊野・伊豆の材木を伐採
		慶長14年9月	丹波篠山城の普請を命じる
		慶長15年2月	名古屋城の普請を命じる
		7月	丹波亀山城の大修築が終わる

豊臣家	駿府	慶長13年1月	秀頼の使者織田頼長から年頭の礼を受ける
		慶長14年1月	方広寺大仏殿再興を勧め、豊臣秀頼は着手する
		慶長15年1月	秀頼の使者から年頭の礼を受ける
大名	駿府	慶長12年3月	畿内5カ国と丹波・備中・近江・伊勢・美濃の諸大名を使って、伏見城の金銀器財を駿府に移す
		慶長14年2月	上方大名の人質を駿府から江戸に移住させ、監視を強化する
		9月	西国大名から５００石積以上の大船を没収し、江戸・駿府に廻送させる。中国の大名に丹波篠山城普請役を課す
		慶長14年	中国・西国・北陸大名に江戸で越年するよう指示する
		慶長15年2月	豊臣恩顧の大名20家に名古屋城築城助役命令を発し、6月名古屋城普請が開始する
		閏2月	越後福島藩の御家騒動を駿府城本丸で裁断し、藩主堀忠俊を改易。6男松平忠輝に越後を与える
		7月	中国・西国の諸大名を動員して丹波亀山城の大修築を行い、普請が終わる

朝廷・公家	駿府	慶長14年6月	官女と若公家衆との密通事件が起き、10月「武命」により処分する
		慶長15年10月	天皇に「三ヶ条（親王の元服と政務見習、そして摂家衆の意見具申）」を申し出る
寺社	駿府	慶長13年7月	高野山争論を裁断する
		8月	「比叡山法度」を発布する。駿府城で浄土宗僧130人を集め、秀忠と法問を聴講する。増上寺存応より五重血脈の相伝を受ける
	江戸	慶長13年10月	「成菩提院法度」を発布する
		11月	家康の願いにより、増上寺は勅願所に勅許される。江戸城で法華宗と浄土宗の法論を行わせる
	駿府	慶長14年8月	「真言宗寺院（東寺・醍醐・高野）法度」を発布する
		慶長15年4月	「高野山寺中法度」などを発布する。法隆寺争論を裁断する
		7月	家康の願いにより増上寺存応は国師号を賜る

外交	駿府	慶長12年5月	駿府で朝鮮使節を引見する
		慶長14年4月〜慶長15年8月	島津家久に琉球王国の出兵を許可する。7月琉球を与え、慶長15年8月島津家久に伴われた琉球王尚寧王を駿府城で引見する
		慶長14年7月	オランダ東インド会社ポイクを駿府城で引見し、平戸商館開設を許可する。オランダ国王への復書を渡す
		10月	9月に上総国に漂着した前フィリピン臨時総督ドン・ロドリコを駿府城で引見し、対メキシコ貿易・鉱山技師の招致を要請する
		慶長15年6月	ウイリアム・アダムス建造の洋式帆船をドン・ロドリコに与え帰国させる。帰国の使節に京商人田中勝助を当てる
財政・経済		慶長13年	伏見の銀座を京都に移し、大坂に銀座を設ける
交通・運輸	駿府	慶長12年8月	富士川舟路（岩渕―公布）を開く

農政	駿府	慶長13年7月	伊奈忠次に尾張領総検地を命じる
文化・文教	駿府	慶長13年3月	本因坊算砂らの囲碁、大橋宗桂らの将棋を観戦する
		慶長14年3月	大坂の四座の能役者を駿府に移住させる
		慶長15年9月	鎌倉五山、駿府清見寺、臨済寺などの僧に命じて『群書治要』を写させる

②将軍秀忠の分野別年表

分野	居所	時	主な事績
徳川家	江戸	慶長12年10月	家康から金3万枚・銀1万3000貫を贈与される
	江戸	慶長13年～	駿府に使者を送り、家康に年頭の礼を行う
	駿府	慶長13年8月	駿府に行き、駿府城本丸の移徙を賀す。家康が尾張国を与えた義直に駿府城で領知判物を発給する
拠点	江戸	慶長16年3月	江戸城西の丸の石垣・堀の工事に着工する
大名	江戸	慶長16年3月	東国大名に江戸城西の丸の石垣・堀の普請工事を命じる

寺社	駿府	慶長13年8月	駿府城で浄土宗法問を家康と共に聴講する
外交	江戸	慶長12年4月	朝鮮使節から国書を受け取り、復書を与える
		慶長14年9月	上総国に漂着した前フィリピン臨時総督ドン・ロドリコを引見する
		慶長15年9月	島津家久に伴われた琉球王尚寧王を引見する

分野別項目

	家康	秀忠
徳川家	○	○
拠点	○	○
豊臣家	○	
大名	○	○
朝廷・公家	○	
寺社	○	○

外　交	○	○
財政・経済	○	
交通・運輸	○	
農　政	○	
文化・文教	○	
計	11	5

右記分野別項目で確認すると、家康の11分野に対して、秀忠は5分野に留まっている。先ず秀忠が関わった5分野の中身から見ていきたい。

【徳川家】

慶長12年10月秀忠は江戸城の西の丸で家康から金3万枚・1万3000貫の贈与を受けている。この贈与分は、7カ月前の慶長12年3月に家康が伏見城にあった金銀器財を駿府に移した時の一部である。家康が伏見城から金銀を駿府に移し、その一部を江戸に持っていき、秀忠に渡した一連の動きを見ても、家康は伏見から駿府に拠点を移したことが分かる。

慶長13年8月秀忠は駿府に赴いて、家康に駿府城本丸移徙の祝賀を述べている。また弟の義直に尾張国の領知判物を発給しているが、領知宛行権を持っていた家康は、慶長12年3月に4男の尾張清州城主松平忠吉が死去したことに伴い、同年閏4月に9男義直に尾張国を与えていた。家康は将軍としての秀忠の権威を高めるため、領知判物の発給を将軍の権限として秀忠に与えていたことが分かる。

慶長14年家康は中国・西国・北陸諸大名に将軍秀忠がいる江戸で越年するよう指示している。この指示も、家康が将軍としての秀忠の権威を高める策であった。江戸で越年するケース以外に、駿府で越年し、新年に江戸に下るケースもあった。

〔拠　点〕

慶長11年9月に江戸城の城主となった秀忠は、慶長16年3月江戸城の西の丸石垣・堀などの工事を着工する。そもそも西の丸は家康が江戸に下った時に住居とするエリアとなっていた。そのエリアの工事を将軍自らが陣頭指揮していた時、大御所家康は徳川幕府の威信をかけた上洛をしている。そのことについては次の「3 上洛から大坂の陣、そして死去まで」のところで触れたい。

大御所となった家康はすでに第二段階目となる軍事拠点強化をスタートしていた。その第一陣が慶長11年3月の江戸城大増築と慶長12年2月の駿府城大増築であった。第二陣は慶長14年の丹波篠山城築城と慶長15年の丹波亀山城大修築となる。丹波篠山城は京都と山陰、山陽を結ぶ交通の要衝の地にあり、丹波亀山城は山陰道の要衝の地にある。２城とも京都の西側を固める重要拠点であった。第三陣となるのが慶長15年から築城が開始した名古屋城である。大坂城包囲網の最重要拠点となるものであった。これらの普請工事は公儀普請（天下普請）と呼ばれている。

【大　名】

秀忠は東国大名に江戸城西の丸の石垣・堀の普請工事を命じていることから、東国大名に対する軍事指揮権を持っていたことが分かる。

家康は丹羽亀山城と丹波篠山城、そして名古屋城の普請助役命令、西国大名所有の大船（500石積以上）の没収命令、中国・西国・北陸大名への江戸越年命令で見られるように、東海・北陸・中国・西国の諸大名に対する軍事指揮権を握っていた。また上方大名から駿府に送られていた人質を江戸に移し、秀忠に監視を強化させている。

【寺　社】

秀忠は駿府城で家康と共に浄土宗の法問を聴講しているが、高野山争論・法隆寺争論の裁断、「比叡山法度」「成菩提院法度」「真言宗寺院（東寺・醍醐・高野）法度」「高野山寺中法度」の発令に見られるように、争論の裁断と法度の発布は家康が行っていた。

［外　交］

＜朝鮮＞

慶長10年3月家康は伏見城で朝鮮の使者を引見し、本多正信・西笑承兌を講和の担当に当たらせ、対馬の宗氏を通じて朝鮮との国交回復交渉を進めた。その結果、2年後の慶長12年4月に秀忠は将軍として江戸城で朝鮮使節から国書を受け取り、復書を与え、5月に駿府で家康が朝鮮使節一行を引見したことにより、日本と朝鮮との国交回復がなされている。

＜琉球＞

慶長14年4月家康は薩摩藩主島津家久に琉球王国出兵の許可を出し、同年7月薩摩藩の琉球領有を認め、慶長15年8月には島津家久に伴われた琉球王尚寧王を駿府城で引見している。秀忠は9月に琉球王尚寧王を江戸城で引見している。

＜オランダ＞

慶長14年7月家康はオランダ使節を駿府城で引見する。平戸商館開設の許可とオランダ国王への復書を与え、オランダと国交樹立する。駿府はオランダとの国交を樹立した地であり、オランダとはヨーロッパの諸国の中で唯一、幕末に至るまで外交貿易関係が維持されることになる。

＜スペイン＞

慶長14年9月秀忠は上総国に漂流した前フィリピン臨時総督ドン・ロドリコを江戸で引見する。スペインとの外交交渉は同年10月家康がロドリコを引見するなかで行われ、対メキシコ貿易と鉱山技師の招致を要請し、スペイン国王への書簡で貿易保護を約している。

慶長15年6月家康はウイリアム・アダムス建造の洋式帆船をドン・ロドリコに与え、帰国の使節として京商人田中勝助を当てている。

家康は駿府を外交の舞台とした華やかな外交活動を展開していた。駿府は国際都市だったのである。

その他6分野も見てみたい。

［豊臣家］

家康は大坂の豊臣秀頼が送った使者から駿府で年頭の礼を受けていた。

［朝廷・公家］

家康は女官密通事件に対し「武命」により女官と若公家衆を処分する。また天皇に摂家衆の意見具申などの「三ヶ条」の申し入れを行い、朝廷運営への関与を強めていった。

［財政・経済］

伏見の銀座を京都に移し、大坂に新たな銀座を設けた。家康が伏見から離れても畿内の財政基盤強化を図っている。

[交通・運輸]

家康が角倉了以に命じた富士川の舟路（岩渕―公布）が開き、東海地域の水運整備に力を入れている。

[農　政]

家康は9男義直に与えた尾張国を伊奈忠次に検地を命じ、年貢高の調査をさせた。

[文化・文教]

家康は囲碁と将棋、そして能といった伝統文化の振興・保護に熱心であった。伏見時代から行っていた貴重本の収集にも力を入れていた。

以上の事績から、大御所家康と将軍秀忠の役割の違いが分かる。多くの歴史解説書で江戸の将軍秀忠と駿府の大御所家康の二元政治を取り上げているが、この時点での秀忠の事績を見ると、秀忠に日本統治の政策を実行した姿は見られない。一方の大御所家康は左記の通り、駿府で多くの政策を実行していた。

外交政策：朝鮮との国交回復、琉球の処置、オランダとの国交、スペインとの交渉
拠点政策：軍事拠点強化の第二段階目となる丹波亀山城の大修築、丹波篠山城と名古屋城の築城
大名政策：駿府城再建・丹波亀山城大修築・丹波篠山城と名古屋城築城の助役命令、上方大名の人質を駿府から江戸へ移住・監視強化、西国大名所有の大船（５００石積以上）の没収命令、中国・西国・北陸大名への江戸越年命令
朝廷政策：女官密通事件の「武命」と天皇への三ヶ条申し出による朝廷運営への関与
寺社政策：高野山争論・法隆寺争論の裁断、「比叡山法度」「成菩提院法度」「真言宗寺院法度」「高野山寺中法度」の発令
東海地域の基盤政策：駿府城の再建、尾張の検地、名古屋城の築城、富士川の舟路開削
畿内地域の基盤政策：伏見銀座の京都移転と大坂銀座の設立

大御所家康は駿府を拠点に日本を統治していたことが確認できる。

第1章で鎌倉幕府の成立年の解釈について形式基準から実態基準に大きく舵を切ったことを紹介した。同じように創成期徳川幕府を実態基準で見た場合、大御所家康は実権を握

り続け、家康の下に秀忠がいたことが認められる。二元政治体制であった形跡は見当たらない。その結果を踏まえると、大御所家康は征夷大将軍を降りた以降も、武家棟梁として徳川幕府の首長であり続け、新たな拠点となった駿府は創成期徳川幕府の本拠地であったと結論付けたい（駿府幕府）。

一般的に大御所家康は江戸から駿府に移ったと言われている。そのことについてもう少し触れておきたい。家康は伏見から江戸に、そして江戸から駿府に来たことは間違いない。しかし、「来た」ことと「移った」こととは全く意味が違う。江戸から移ったとなれば、江戸城で家康の生活全般に使っていた家財をはじめ、金銀財宝などを江戸から駿府に移しているはずであるが、そうした記録は見当たらない。実はこれらの物は伏見から駿府に移されていた。

年表4記載の慶長12年3月を見てもらいたい。そこには家康が諸大名に命じて、伏見城の金銀と器財を駿府に移させたとある。『当代記』に書かれている内容である。3月11日に駿府入りした家康は、その月の25日に諸大名を使って伏見城から金銀（150駄、1駄金600枚）と器財を駿府に移させているのである。さらに『当代記』には次のような事も書かれている。

同年４月２日の頃、伏見から金銀１５０駄、駿府に移す。

同年同月４日の頃、大御所近習衆達は、伏見の家を壊し、畳や戸を売り、または駿府に運ぶ。

同年同月19日、金銀80駄を伏見から駿府に移す。


この記述が示すように、本多正純ら側近たちも伏見から駿府に移っている。伏見城で生まれ育った９男義直、10男頼宣、11男頼房の３人の子息、その母親であるお亀、お万たち側室たちも伏見から駿府に移ったことになる。「第２章　家康征夷大将軍時代の幕府　２　征夷大将軍就任から退任まで」のところで、駿府に移る前の家康の本拠地は伏見と結論付けたが、『当代記』の記述はその事実を裏付けている。

慶長12年10月14日の『当代記』には次のようなことも書かれている。


14日甲戌、大御所江戸に御着、江戸将軍は御所より金子三萬枚、銀壹萬三千貫目御渡、西の丸より本丸へ之を運ぶ家康は慶長12年10月に江戸に出向き、西の丸で秀忠に金3万枚・銀1万3000貫を贈与したとある。

そのことを見ても、家康は江戸から移っていないことが分かる。歴史学者本多隆成氏は『定本徳川家康』（2010年）の中で、家康の所有していた金銀と器財を伏見から駿府に移したことを「天下の城が伏見から駿府に移ったことを象徴的に示すことにもなった」と書き表し、藤井讓治氏も『徳川家康』（2020年）の中で「天下の政治をみる場が、伏見から駿府へと移ったことを象徴的に示す出来事である」と書き記している。

家康は慶長11年3月に伏見から駿府に移ることを決断する。

が、なぜ駿府であったのか。家康が駿府を選んだ理由については浄土宗の高僧廓山和尚が書き遺した『廓山和尚供奉記』の中に出ている。廓山和尚は慶長14年駿府に家康を開基とする来迎院を開き、大坂の陣では陣僧として供奉している僧侶である。そこには駿府を撰んだ5つの理由が書かれている。1つ目は幼年のとき駿府に住み、故郷のように感じること、2つ目は富士山が北に高く聳え、冬暖かいこと、3つ目は米の味が他国より優れていること、4つ目は南西に大井・安倍の激流があり、北東に箱根山・富士川の難所があり、要害堅固であること、5つ目は江戸参勤の大小名が機嫌伺いに立ち寄るのに好都合であるとしている。

1番目に「幼年のとき駿府に住み、故郷のように感じる」と書かれているが、その後に「忘れることができない」とある。家康は8歳から19歳まで駿府で過ごすわけであるが、最も多感な時に育った駿府は家康にとって忘れることができない故郷のようなところであったのだろう。

では、5つの理由の中で最も重要な理由をひとつ選ぶとすれば、4つ目の南西に大井・安倍の激流があり、北東に箱根山・富士川の難所があり、要害堅固であるとする理由を選びたい。日本の最高権力者が安全に住める地こそ最適地に違いない。しかし、その言葉だけでは家康が駿府を選んだ理由としてはまだ物足りないように感じる。

地政学的観点でさらに深掘りしていけば、別の理由が見えてくる。慶長12年3月時点の徳川領国の範囲を見てみると、東はいわきの平、西は畿内まで及ぶ広範囲の領地を獲得していた。そのほぼ中央に位置していた場所こそ駿府であった。江戸は東に寄りすぎていた。家康は新たな国づくりのために伏見から離れることを決断したものの、この時点ではまだ江戸は京都・大坂から離れ過ぎていて、地政学上のリスクが高かった。西には未だ政治的影響力のある朝廷・公家や豊臣家、西国大名などの巨大諸勢力が存在し、それらの諸勢力をしっかりとコントロールしていく必要があった。一方で東には関東領国経営の本拠地江戸があり、将軍秀忠を指導しなければならない。駿府は西に存在する巨大諸勢力をコントロールすることができ、また江戸にいる将軍秀忠を指導できる最適の地であった。家康が駿府を選んだ理由は、駿府は要害堅固の地であるが、また東西を両睨みできる地であったことも大きな理由として取り上げたい。

家康が駿府に移ってから3年後の話になるが、慶長15年2月に豊臣恩顧の大名20家に名古屋城普請助役を命じ、6月には名古屋城の普請が開始している。名古屋城は豊臣秀頼のいる大坂城を包囲する巨大な軍事拠点として存在することになるが、大御所家康のいる駿府城と将軍秀忠のいる江戸城を防衛する城でもあった。駿府は江戸と名古屋の中間に位置している。歴史の解説書には駿府城は江戸城を守る前衛の城として書かれることが多いが、視点を変えれば、駿府は西の名古屋城と東の江戸城に守られた最も安全な地でもあったとも言える。

京都は日本の都。平清盛、足利尊氏、そして豊臣秀吉の武家政権は京都を中心とした畿内に権力基盤を置いていた。それに対して源頼朝は京都から遠く離れた鎌倉に幕府を開いた。鎌倉幕府は地方政権の域を完全に脱することはできなかったものの、関東の地に政権機能を持った意義は大きい。その頼朝を信奉する家康は同じように関東の江戸に幕府を開く構想を持っていたと考えられるが、この時点では時期尚早であった。全国政権としての体制はまだ道半ばであり、地政学的リスクは絶対に避けなければならなかった。

本多・藤井両氏が言っているように「天下の政治をみる場」が伏見から駿府に移った意義は大きい。駿府は徳川領のほぼ中央の位置にあった。研究者の中であまり評価されていないようだが、家康によって「首都」機能が畿内から駿府に移った歴史的出来事をもっと評価すべきではないだろうか。鎌倉幕府が終焉してから２７０年余りを経て、家康の力で歴史的大転換期を迎えたのである。

3　上洛から大坂の陣、そして死去まで

「2　駿府入りから上洛まで」で、二元政治体制がスタートしたとされる４年余りの期間を取り上げた。秀忠の事績を見るかぎり、徳川幕府の首長として日本統治の政策を実行した姿は見られなかった。一方の大御所家康は駿府で多くの政策を実行し、日本全体を統治していたことが分かった。二元政治体制とは言えず、大御所家康は征夷大将軍を降りた以降も武家棟梁として徳川幕府の首長であり続け、新たな拠点となった駿府は創成期徳川幕府の本拠地となっていたと結論付けた（駿府幕府）。

ここからは慶長16年3月家康が京都に上洛してから元和2年4月家康死去までの5年間を取り上げる。70歳となった家康にとって創成期徳川幕府の総仕上げの5年間であったが、年齢との戦いの5年間でもあった。左記①の大御所家康と②の将軍秀忠の分野別年表は年表編の年表5―1から年表5―3までの中から、特に主な事績を分野ごとに表示した。

①大御所家康の分野別年表

分野	居所	時	主な事績
徳川家	駿府	慶長16年3月・4月	9男義直と10男頼宣を伴い、後水尾天皇即位礼のために駿府を発つ
	京都		徳川家の元祖新田義重に鎮守府将軍、父広忠に大納言が勅許され、義直と頼宣、そして頼房がそれぞれ叙任される。後水尾天皇が誕生し、4月にその即位礼を拝観する。天皇即位に伴う禁裏御所の新造と4月に禁裏の築地の普請を行う。二条城で秀頼と会見する
		慶長16年4月	外様大名である近畿・中国・四国・西国の諸大名22名に「三ヶ条」を誓約させる
	江戸	慶長16年10月	秀忠御台所（崇源院）の前で家光・忠長の長幼の序を正す

駿府	慶長17年1月	1日秀忠の使者、2日豊臣秀頼の使者、3日諸大名の使者から年頭の礼を受ける
江戸	慶長17年11月	秀忠とともに越前福井藩家中騒動問題を裁くため、関係家老を江戸城西丸で対決させる。12月秀忠に将軍としてその家中騒動を裁定させる
駿府	慶長18年1月	1日秀忠の名代酒井家次、2日豊臣秀頼の名代速水守次、3日諸大名の使者から年頭の礼を受ける
	慶長19年3月	勅使から秀忠の娘和子入内受諾の返事を受ける
	7月	亡き前田利長の隠居領の処置について、秀忠から相談を受け、隠居領を利光（利常）に与える
	10月	大坂攻めを決断、江戸の秀忠に出陣準備を指示する
	元和元年9月	6男松平忠輝を不埒により勘当する
	元和2年1月	駿河の田中で鷹野に出て発病する
	3月	秀忠に9男義直・10男頼宣・11男頼房を側において目をかけるよう申し渡す。後水尾天皇の勅使、家康に太政大臣任官を宣旨する

		4月	本多正純・金地院崇伝・南光坊天海を召し、後事を託す。秀忠に本多正純と金地院崇伝を使いとして「御密旨」を伝える。秀忠、家康を駿河久能山に祀ることを神龍院梵舜に伝える。17日巳刻、駿府城で75歳の生涯を閉じる。遺命により、その日の夜に遺骸を久能山に遷される。19日、吉田流神道で久能山奥社の廟に安置する
豊臣家	京都	慶長16年3月	二条城で秀頼と会見する
	駿府	慶長19年8月	大仏鐘銘の写しに「国家安康」の語があるのを見て、不快感を示す
		10月	京都所司代板倉勝重から大坂城騒乱の報告があり、大坂城攻めを決断する
	大坂	慶長19年12月	大坂城二の丸・三の丸の堀を埋め立てるなどの条件で講和がなる
	京都	慶長20年1月	二条城で豊臣秀頼の使者より年頭の礼を受ける

	駿府	慶長20年3月・4月	豊臣秀頼の使者青木一重、淀殿の使者常高院・二位局・大蔵卿局・正永尼に会う。京都所司代板倉勝重から大坂再挙の報告を受け、4月豊臣秀頼に大和か伊勢かいずれかを勧め、大坂城明け渡しを求めるが、決裂する。大坂再征を決意する
	大坂	慶長20年5月	豊臣秀頼と淀殿は自害する
	京都	慶長20年7月	豊国社を方広寺大仏殿回廊の裏に移転する
大名	京都	慶長16年3月	諸大名らに即位に伴う禁裏御所新造と禁裏築地普請を命じる
		4月	外様大名である近畿・中国・四国・西国の諸大名22名に「三ヶ条」を誓約させる
		慶長19年10月	大坂攻めを決心し、東海・北陸・西国などの諸大名に陣触を出す

大坂	慶長19年11月	住吉に陣を張り、城攻めの方策を将軍秀忠・本多正信・本多正純・藤堂高虎・安藤直次・成瀬正成と評定する
	12月	茶臼山で参陣の諸大名を引見、蜂須賀至鎮・池田忠義に戦功を賞して感状を与える
駿府	慶長20年4月	大坂再征を決意する。諸大名に出陣を命じる
京都	慶長20年5月	二条城に来た諸大名を引見、浅野長晟・松平忠直らを賞す。井伊直孝に5万石の加増の領知朱印状を発給し、藤堂高虎にも5万石の加増を与える
	慶長20年7月	秀忠、伏見城に諸大名を集め、家康の命で崇伝が起草した「武家諸法度」を申し渡す
駿府	元和2年2月	病床に藤堂高虎と金地院崇伝を召して話をする
	4月	前田利常・島津家久・細川忠興らを召し、遺物の刀剣を下賜する

朝廷・公家		
京都	慶長16年３月・４月	後陽成天皇が譲位する。後陽成院に御料２０００石献上する。後水尾天皇が誕生し、４月にその即位礼を拝観する。後水尾天皇即位に伴う禁裏御所の新造と４月に禁裏の築地の普請を行う
駿府	慶長17年２月	後陽成上皇と後水尾天皇の相伝宝物をめぐる争いあり、前代よりのものは禁中に帰属すると裁許する
	６月	公家に放鷹をやめさせ家学を奨励するよう武家伝奏を通じて命じる
	慶長18年６月	武家伝奏に「公家衆法度」と「紫衣法度」を申し渡す
	慶長19年３月	勅使から秀忠の娘和子入内受諾の返事を受ける
大坂	慶長19年12月	勅使、茶臼山の家康の陣に来る。家康は天皇による仲裁を退ける
京都	慶長19年12月	参内し和議を奏す
	元和元年７月（慶長20年）	二条城に両武家伝奏を召し、「禁中幷公家中諸法度」を二条昭実、および将軍秀忠との３名連名で申し渡す

	駿府	元和2年3月	後水尾天皇の勅使が家康に太政大臣任官の宣旨を伝える
寺社	駿府	慶長16年	慶長16年金地院崇伝に命じ、法度制定のため諸寺院の記録を集めさせる
		慶長17年5月〜慶長18年7月	慶長17年5月「戸隠山法度」「多武峰法度」「修験道法度」「関東真儀真言宗法度」「曹洞宗法度」、9月「興福寺法度」、10月「長谷寺法度」、慶長18年2月喜多院宛の「関東天台宗諸法度八ヶ条」、3月「江戸浅草寺法度」、4月「智積院法度」、6月「紫衣法度」、7月「石清水八幡宮法度」を出す
		慶長17年12月	領知朱印状発行のため、駿府年寄連署奉書をもって寺社に知行の書き上げを命ずる
		慶長19年4月	五山僧に『群書治要』『貞観政要』『続日本紀』『延喜式』から、公家・武家の法度に必要な箇所を抜き書きするよう指示する

		元和元年７月（慶長20年）	「諸宗寺院法度（諸宗本山・本寺）」を定め、社寺に社寺領朱印状を下す
		元和２年１月	曹洞宗の法問を聴く。最後の法問聴講となる
		４月	16日秀忠、家康を駿河久能山に祀ることを神龍院梵舜に伝える
			19日家康、吉田流神道で久能山奥社の廟に安置される
外交	駿府	慶長16年４月～慶長17年７月	４月浦賀に入港したノビスパン総督の答礼使ビスカイノを６月に引見し、９月沿岸測量を許可する。慶長17年７月ノビスパン総督への返書（復書）をビスカイノに渡し、キリスト教布教禁止の姿勢を明確にする
		慶長18年９月	ウィリアム・アダムスが案内したイギリス使節ジョン・セーリス一行を引見し、ジェームズ一世の書簡を受けとり、通商を許可、両国の隣好を約す復書を渡す
組織	駿府	慶長16年	金地院崇伝に命じ、法度制定のため諸寺院の記録を集めさせる

	慶長17年5月	円光寺元佶の死去に伴い、金地院崇伝に外交文書など作成を命ずる
	8月	板倉勝重・金地院崇伝に寺社のことを司るよう指示する
	12月	領知朱印状発行のため、「駿府年寄連署奉書」をもって旗本に知行の書き上げを命ずる
	慶長18年2月	江戸から来た土井利勝と相談し、池田輝政の跡を決定する
	4月	死去した大久保長安（駿府年寄）の不正が露見し、息子らに切腹を言い渡す
	9月	ウィリアム・アダムスが案内したイギリス使節ジョン・セーリス一行を駿府城で引見する
江戸	慶長18年12月	大久保忠隣に「伴天連門徒」追放のために京都に上るよう命じる。金地院崇伝に「伴天連追放之文」を書くように命じ、将軍秀忠の名で「伴天連追放令」を出す
	慶長19年1月	秀忠の重鎮大久保忠隣を改易する

	駿府	4月	五山僧に『群書治要』『貞観政要』『続日本紀』『延喜式』から、公家・武家の法度に必要な箇所を抜き書きするよう指示し、金地院崇伝と林道春（羅山）はそのことを承る
		8・9月	家康は大仏鐘銘の写しに「国家安康」の語があるのを見て不快感。本多正純・金地院崇伝は家康の意を受けて片桐且元に秀頼の方から徳川家に隔意のない証し求める
		10月	京都所司代板倉勝重から大坂城騒乱の報告をあり、大坂攻めを決断する
	大坂	11月	住吉に陣を張り、城攻めについて将軍秀忠・本多正信・本多正純・藤堂高虎・安藤直次・成瀬正成と評定する
	駿府	慶長20年3・4月	京都所司代板倉勝重から大坂再挙の報告あり、大坂再征を決断する
		元和2年2月	病床に藤堂高虎と金地院崇伝を召して話をする

②将軍秀忠の分野別年表

分野	居所	時	主な事績
徳川家	江戸	慶長17、18年1月	1日駿府に使者を送り、家康に年頭の礼を行う
		慶長17年12月	福井藩家中騒動問題を裁許する
		慶長19年7月	亡き前田利長の隠居領処置を家康に相談する
		10月	家康から大坂攻めの出陣準備の通知を受ける
		元和2年1月	江戸城黒書院で13歳の家光を左に座らせる
	駿府	元和2年2月	駿府に到着する
		3月	17日家康から義直・頼宣・頼房を側において目をかけるよう申し渡される
		4月	3日家康の使いである本多正純と金地院崇伝から「御密旨」が伝えられる。16日亡き父家康を駿河久能山に祀ることを神龍院梵舜に伝える。19日家康を吉田流神道で久能山奥社の廟に安置する

豊臣家	京都	慶長19年11月	伏見城に入る
	大坂		住吉の家康の陣で、評定する
	京都	慶長20年1月	岡山の陣を払い伏見城に入り、その後、参内する
大名	江戸	慶長17年1月	三ヶ条誓詞を東国諸大名から徴す
	京都	慶長20年閏6月	江戸年寄衆連署で「一国一城令」を出す
		7月	伏見城に諸大名を集め、家康の命で崇伝が起草した「武家諸法度」を申し渡す
朝廷・公家	京都	慶長20年7月	「禁中并公家中諸法度」は家康と二条昭実、そして将軍秀忠の3名連名で申し渡す
寺社	駿府	元和2年4月	亡き父家康を駿河久能山に祀ることを神龍院梵舜に伝える
外交	江戸	慶長16年5月	ノビスパン総督の答礼使ビスカイノを引見する
		慶長18年9月	イギリス使節ジョン・セーリスを引見する
組織	京都	慶長20年閏6月	江戸年寄衆連署で「一国一城令」を出す

分野別項目

	家康	秀忠
徳川家	○	○
豊臣家	○	○
大名	○	○
朝廷・公家	○	○
寺社	○	○
外交	○	○
組織	○	○
計	7	7

大御所家康と将軍秀忠はともに分野別項目のすべてに関わっているが、その中身を見ていくと、2人の役割に大きな違いがあることが分かってくる。分野ごとに見てみよう。

［徳川家］

家康は慶長16年3月、4年ぶりに上洛する。徳川幕府の威信をかけた上洛であった。この上洛の主たる目的は４つあった。その１つ目は朝廷の儀式のなかで最も重要な儀式となる後陽成天皇譲位と後水尾天皇即位を取り仕切ることであった。２つ目は大坂の豊臣秀頼に上洛を促し、二条城において秀頼と会見すること、そして３つ目は上洛していた外様大名に「将軍が発布した法度を守ること」などが書かれた「三ヶ条」に誓約させることであった。

この３つの事柄が成就したことで、大御所家康が率いる徳川幕府の権力と権威を京都の地で示すことができた。

４つ目は徳川家の家長としの役目を果たすことにあった。朝廷に願いを出し、元祖となる新田義重は鎮守府将軍が、実父の広忠は権大納言が贈官された。徳川一門に列した９男義直は右近衛権中将参議に、10男頼宣は右近衛権中将参議に、11男頼房は左近衛権少将に、慶長12年に亡くなった次男秀康の子である松平忠直も11男頼房と同じ左近衛権少将に叙任された。

家康は上洛してから半年後の10月24日には江戸に下り、秀忠の御台所崇源院の前で家光・忠長の長幼の序を正している。その結果、元和２年１月に秀忠が江戸城黒書院で13歳の家光を左に座らせ、その後の三代目将軍家光誕生に繋がった。家康は孫の代まで心を砕いていたのである。

一方の将軍秀忠といえば、家康が徳川幕府の威信をかけ上洛をしている時、東国大名に御手伝普請を命じ、江戸城西の丸の石垣・堀工事を自らが陣頭指揮していたのである。西の丸といえば、家康が江戸に下るときに使用するエリアである。その整備に当たっていた。2人の役割の違いがはっきりと表れている。

慶長15年に越後福島騒動が起き、その時家康は駿府城本丸で将軍秀忠にも陪審させた上で裁定しているが、慶長17年に起きた徳川一門の福井藩お家騒動では、その年の11月に江戸に下った家康は江戸城西の丸で秀忠と共にその問題に当たった。この越前騒動は12月将軍秀忠によって裁定しているが、慶長19年7月には秀忠は亡き前田利長の隠居領の処置について家康に相談している。秀忠は父家康の指導を仰ぐ姿勢を崩さなかった。

年頭の礼を見てみたい。毎年正月1日に家康は秀忠またはその使者から年頭の礼を受けている。身分秩序を重んじた時代である。大御所家康は将軍秀忠より上の立場にいたことを示している。

軍事指揮権を見ると、大坂の陣では、慶長19年10月1日に家康は将軍秀忠に出陣準備の通知を出している（『駿府記』）。家康は将軍秀忠や諸大名に対する軍事指揮権を持ち続けていた。

【豊臣家】

慶長10年４月、伏見城を居城としていた家康は秀忠将軍就任に合わせて秀頼に上洛を要請したが、母淀殿の強い拒否に会い、実現しなかった。慶長16年３月、今度は家康自らが駿府から上洛したことを捉えて、秀頼にも上洛を促し、二条城で会見する策に出た。淀殿は家康からの要請を断ることができなかった。慶長16年３月28日二条城で大御所家康と豊臣秀頼との会見が実現する。秀頼が大坂城から二条城に赴いたことで、徳川家と豊臣家の立場が逆転していることを世に知らしめた。

しかし、その後も豊臣家は大坂城で関白の家柄として存在し続けた。徳川幕府にとって豊臣家の存在は天下統一の大きな障害となっていた。家康は自分の目が黒いうちに豊臣問題を処理しなければならなかった。その問題を放置しておけば、家康亡きあと、世が乱れ、戦乱の時代に逆戻りする危険性が強かったのである。時間だけが過ぎていく中、その問題に手を付けるには大義名分が必要であった。ついに事態が動いた。それが慶長19年８月の方広寺鐘銘事件である。大仏鐘銘に「国家安康」の語があり、徳川家当主の諱《いみな》を分断するように使っていた。それをきっかけにそのことを大義名分とし、本多正純と金地院崇伝が窓口となって、大坂方の片桐且元と交渉し、徳川家に対する隔意のない証しを且元に求めた。

大坂に戻った片桐且元は徳川に対する隔意のない証しとして、秀頼または淀殿が江戸に在府するか、秀頼が大坂城から他国に移るかのどちらかの案を淀殿などに示したところ、淀殿などがそれに強く反発し、大坂方は大混乱に陥る。慶長19年10月京都所司代板倉勝重から大坂城騒乱の報告があり、家康は大坂城攻めを決断し、大坂の陣に突入することになる。徳川家にとって最も重要なこの時に、将軍秀忠や江戸の重臣達が直接的な交渉に加わった形跡は見られない。慶長20年5月豊臣秀頼と淀殿は自害し、豊臣家は滅亡する。家康は念願だった天下統一を果たした。

【大　名】

家康は上洛する機会にやり遂げたい重要政策があった。それは京都にいた近畿・中国・四国・西国・北国の諸大名22名に「三ヶ条の誓紙」を求めることであった。その中身は概ね次のような内容である。

第一条：将軍が発布した法度を守ること
第二条：法度に背き、上意を違える者の隠し置き禁止
第三条：反逆や殺害した侍の抱え置き禁止

外様大名21名と越前福井の松平忠直は誓約することになる。すでに外様大名は家康からの城普請動員命令に服していたが、この「三ヶ条の誓紙」によって徳川幕府に臣従したこ

とを意味した。この「三ヶ条の誓紙」が後の「武家諸法度」発布へと繋がっていく。
その翌年の慶長17年1月秀忠によって東国大名から「三ヶ条の誓紙」を徴収するが、そこに書かれた「三ヶ条」の冒頭には次のような文言が加えられていた。

　去年４月12日京に於て。　大御所仰下されし厳旨のごとく。

（台徳院殿御実紀第18　慶長17年1月15日より）

「昨年４月12日京都に於いて、大御所家康様が御命令された通り」と書かれているので、秀忠は家康がつくった「三ヶ条」を東国大名から誓紙を徴収したことになる。

　家康の諸大名に対する軍事指揮命令は大坂の陣で出された。慶長19年10月大坂攻めを決断し、東海・北陸・西国などの諸大名に陣触を出し、さらに慶長20年４月大坂再征を決心し、諸大名に出陣を命じている。その時の陣触れの様子については白根孝胤氏の「徳川一門付家老の成立過程と駿府政権」（金鯱双書　第26輯　―史学美術史論文集―　（財）徳川黎明会　１９９９年８月）に詳しい。それによると、慶長19年10月６日付駿府奉行衆の本多正純・安藤帯刀連署奉書で桑名藩主本多忠政に大御所家康の命令として亀山藩主松平清匡（忠明）とともに伊勢・美濃の軍勢を統括し、伏見まで上がるよう指示を出している。慶長20年４月14日付で同じく駿府奉行衆の本多正純・成瀬正成連署奉書で土佐藩主山内忠義に出陣命令を出し、和歌山藩主浅野長晟と相談して行動を共にするよう命令している。このように駿府の年寄衆が中心となって、家康の意思を諸大名に伝えていた。

慶長20年閏6月江戸の年寄連署奉書の形で秀忠の意思として、主に西国大名を対象に「一国一城令」を出し、同年7月秀忠は伏見城に諸大名を集め、家康の命で崇伝が起草した「武家諸法度」を発令している。豊臣家が滅び、天下統一を成し遂げたこの機に、家康は慶長16年4月と慶長17年1月に諸大名から徴収した「三ヶ条の誓紙」にある第一条「将軍が発布した法度を守ること」を行使し、将軍としての秀忠を前面に押し出した。

［朝廷・公家］

慶長16年3月、家康は自ら後陽成天皇の譲位と後水尾天皇の即位の儀式を取り仕切るために上洛した。財政的に苦しい朝廷はこの儀式に家康を頼るしかなく、家康の意向を無視しては朝廷の運営は成り立たなくなっていたのである。家康は後陽成天皇の譲位に合わせて、後陽成院に御料2000石を献上し、後水尾天皇即位に伴う禁裏御所の新造と築地の普請を行うことで、天皇家の財政的支援をした。

慶長17年2月後陽成上皇と後水尾天皇の間で相伝宝物をめぐる帰属問題が発生した。その揉め事の裁定を求められた家康は、前代よりのものは禁中に帰属するとして、その問題を処理している。

慶長17年6月家康は武家伝奏を通じて公家に対し放鷹《ほうよう》をやめさせ、家学を奨励するように命じ、1年後の慶長18年6月「公家衆法度」へと繋がっていく。この「公家衆法度」は家学の奨励や行儀法度の厳守などの五ヶ条からなっていて、その末尾には「従武家可行沙汰者也（武家より沙汰を行うべきものなり）」（『駿府記』）とあり、守らない場合は武家が公家を処罰することを言っている。家康による公家衆統制がさらに進んでいった。

慶長19年3月には勅使から秀忠の娘和子入内受諾の返事を受け、天皇家の外戚となることを目指していく。

元和元年7月に「禁中幷公家中諸法度」を発布したが、その1年以上前からこれらの法度の準備を始めていた。「駿府記」の慶長19年4月5日には次のような記録が残っている。

5日、群書治要、貞観政要、続日本紀、延喜式、自御前出五山衆、可令抜公家武家可為法度之所之旨被仰出、金地院崇伝道春承之、

家康は京都の五山僧に『群書治要』『貞観政要』『続日本紀』『延喜式』の中から、公家・武家の法度に関わる箇所を抜き書きするよう指示し、そのことを金地院崇伝と林道春（羅山）は承ったとある。これまで朝廷・公家や大名、そして寺社に対して個々に統制していたが、家康は方広寺鐘銘事件が発生する前から、体系的な法度の制定に向け苦心していた

ことが分かる。その成果は、元和元年（慶長20年）7月の「禁中并公家中諸法度」や「武家諸法度」、そして「諸宗寺院法度」の発布となって表れることになる。

［寺　社］

家康は慶長17年5月「戸隠山法度」「多武峰法度」「修験道法度」「関東真儀真言宗法度」「曹洞宗法度」、9月「興福寺法度」、10月「長谷寺法度」、慶長18年2月喜多院宛の「関東天台宗諸法度八ヶ条」、3月「江戸浅草寺法度」、4月「智積院法度」、6月「紫衣法度」、7月「石清水八幡宮法度」を発布している。慶長17年5月から慶長18年7月にかけて多くの法度が発布されたが、これは、慶長16年に家康が金地院崇伝に命じて、法度制定のため諸寺院の記録を集めさせた成果だと言える。

慶長18年2月喜多院宛の「関東天台宗諸法度八ヶ条」に関しては、駿府で天海の天台論義を聴聞した上で発布している。この法度によって、関東の天台宗は喜多院の住職天海に任せることで、関東での比叡山延暦寺の影響力を排除している。寺社統制の集大成となるものが、元和元年7月の「諸宗寺院法度（諸宗本山・本寺）」となる。

［外　交］

慶長14年9月前フィリピン臨時総督ドン・ロドリコが乗ったスペイン船は房総半島沿岸で難破し、地元民によって多くの船員が救助される海難事故があった。家康はメキシコとの貿易に関心があったため、10月駿府でドン・ロドリコを引見し、日本とスペインとの友好を願うスペイン国王フェリペ３世宛親書を渡した。翌年の慶長15年６月家康はウィリアム・アダムスに命じて建造させていた船をドン・ロドリコに与え、メキシコに帰国させている。10カ月後の慶長16年４月ノビスパン（メキシコ）総督の答礼使としてビスカイノは浦賀に入港した。５月江戸城で秀忠に謁見し、６月駿府城で家康に謁見している。その時に家康は答礼の品として洋時計を受け取っている。その時計は現在、日本とスペインとの友好の証として久能山東照宮に大切に所蔵されている。同年９月家康はビスカイノに沿岸の測量を許可するが、ドン・ロドリコを通して求めていた鉱山技師派遣の話はビスカイノから出ることはなかった。

外交の大きな成果としてはイギリスとの国交樹立がある。慶長18年９月外交顧問のウィリアム・アダムスは平戸に入港したイギリス使節ジョン・セーリス一行を駿府城に案内する。その一行を家康は引見している。家康はジェームズ一世の書簡を受けとり、通商を許可、両国の隣好を約す復書を渡したことで、日英国交樹立がなされた。その後、セーリス一行は江戸に向い、将軍秀忠に謁見している。

この歴史的出来事については、歴史学者フレデリック・クレインスの著書『ウィリアム・アダムス―家康に愛された男・三浦按針』に詳しく掲載されている。それによると、その前年、イギリス国王が日本に使節と商人を派遣するという、イギリス東インド会社総督トーマス・スミス卿からの手紙を受け取ったアダムスは、その手紙の内容を家康に伝え、家康は上機嫌だった。慶長18年6月イギリス使節ジョン・セーリス一行は平戸に到着し、海路と陸路で9月に駿府に到着する。その2日後にアダムスはセーリス一行を駿府城に案内し、国王からの書簡を本多正純から家康に渡された。ジェームズ一世の書簡が友好的な内容であったため、イギリスとの国交樹立に前向きとなった。翌日、セーリスとアダムスが作成した要望書を正純に提出し、オランダと同様の自由貿易協定が成立している。

将軍秀忠は慶長12年4月の朝鮮使節、慶長14年9月前フィリピン臨時総督ドン・ロドリコ、慶長15年9月の琉球王尚寧王、慶長16年5月のノビスパン総督答礼使ビスカイノ、慶長18年9月のイギリス国王使節ジョン・セーリスを江戸城で引見しているが、家康が外交権を握っていたため、秀忠は外交交渉の表舞台に立つことはなかった。将軍として秀忠は儀礼的に外国要人たちを引見していたことになるが、家康は秀忠の権威を高めるために外交の世界を利用していたのである。秀忠自身も父家康の意向を理解した上で、その役割を果たしていた。

家康はこれら使節等の外国人を将軍秀忠がいる江戸に行かせていたわけであるが、当時日本を訪れた外国人たちは大御所家康と将軍秀忠、さらに大坂城の豊臣秀頼をどのように見ていたのであろうか。その点については鍋本由徳氏の「大御所　徳川家康はエンペラーかキングか」（『家康研究の最前線』所収　洋泉社２０１６年11月）に詳しく掲載されている。それによると、外国人は大御所家康を日本の最高権力者であるエンペラー（皇帝）、将軍秀忠をプリンス（王子）ではなく江戸のキング（王）、そして豊臣秀頼を「本来の後継者」としてのプリンスと表現、秀忠は「将軍様と呼ばれている家康の息子で江戸の王」にすぎないとしている。

【組　織】

ここで大御所家康と将軍秀忠の徳川家での立ち位置の違いを年表から見ていきたい。

居所	時	主な事績
京都	慶長16年３月	家康、朝廷に上奏して、９男義直は右近衛権中将参議に、10男頼宣は右近衛権中将参議に、11男頼房は左近衛少将に、次男結城秀康の子松平忠直は左近衛少将に叙任なる

江戸	慶長16年10月	家康、秀忠御台所に家光・忠長の長幼の序を正すし、元和2年1月秀忠は江戸城黒書院で13歳の家光を左に座らせる
駿府	慶長17年1月	家康、秀忠の使者から年頭の礼を受ける
	慶長18年1月	家康、秀忠の名代酒井家次から年頭の礼を受ける
	慶長19年3月	家康、勅使から秀忠の娘和子入内受諾の返事を受ける
	元和元年9月	家康、6男松平忠輝を不埒により勘当する
	元和2年3月	家康、秀忠に義直・頼宣・頼房を側において目をかけるよう申し渡す
		家康、秀忠に本多正純と金地院崇伝を使いとして「御密旨」を伝える
	元和2年4月	秀忠、家康を駿河久能山に祀ることを神龍院梵舜に伝える

この年表から、家康は徳川家の当主として、秀忠（使者）から年頭の礼を受ける立場であり、秀忠を含めた子供や孫の処遇・処断の一切を取り仕切る立場であったことが分かる。

秀忠は徳川家の当主として動き出すのは家康が亡くなった後、亡き父家康を駿河久能山に祀ることを決めた時からである。

この時期、江戸には将軍秀忠を支える奉行衆として本多正信・大久保忠隣・酒井忠世・土井利勝・安藤重信・青山成重が、駿府には大御所家康を支える奉行衆として本多正純・安藤直次・成瀬正成・村越直吉・大久保長安がいた。分野別年表にはその重臣たちの多くの名前が出てくる。それ以外に板倉勝重・金地院崇伝・天海・林道春（羅山）・ウィリアム・アダムスの名も年表に表れる。これらの人物は大御所家康を支えていた面々であった。ここでは金地院崇伝・本多正純・大久保忠隣の３人を中心に徳川政権の組織を見ていきたい。

＜金地院崇伝＞

年表のなかで最も頻繁に出て来る人物は金地院崇伝である。崇伝は慶長13年相国寺西笑承兌の推薦により、駿府に下り、徳川家康の政権運営に関わることになる。崇伝の能力を高く評価していた家康は慶長15年駿府に金地院を与え、崇伝はそれに応えるように外交文書の起草や朱印船貿易の朱印状作成、そして法度の起草などで貢献する。大坂の陣の引き金となった方広寺鐘銘事件が発生した時は家康最側近の本多正純と共に大坂方との交渉担当をこなし、家康が死期を迎えようとしたときは秀忠に政権をバトンタッチする重要な役を家康から与えられた。まさに創成期徳川幕府の中心人物であった。

崇伝の業績は次の通りである。

①慶長16年家康から法度制定のために諸寺院の記録収集を命じられ、その翌年から多くの寺院法度を作成している。最終的には元和元年7月の「諸宗寺院法度」に繋がっている。

②慶長17年5月円光寺元佶が死去したことに伴い、家康から外交文書などの作成を命じられ、諸外国との外交文書や朱印貿易の朱印状の作成に携わることになる。

③同年8月家康から京都所司代板倉勝重とともに寺社のことを司るよう指示され、寺院行政の責任者となる。これは家光時代に新設された寺社奉行のさきがけである。板倉勝重といえば京都所司代として朝廷・公家を監視し、大坂の豊臣家と西国大名の監視にも当たっていた人物である。京都中心に格式の高い大寺社が畿内に多く存在しており、寺社行政の責任者まで任されたことから、家康の信頼と期待の高さが窺える。

④慶長18年12月家康から「伴天連追放之令」を書くように命じられ、将軍秀忠の名で「伴天連追放令」は出されている。その前年の3月本多正純の与力岡本大八が肥前日野江藩主有馬晴信を騙し、収賄する事件があった。尋問の上で大八は駿府の安倍川原で火刑に、晴信は死罪に処されている。両者ともにキリシタンであったことをきっかけに

家康は崇伝に「伴天連追放之令」を書くように命じ、駿府、江戸、京都などの幕府直轄都市に「伴天連追放之令」を布告した。慶長19年９月高山右近らキリシタン１４８人をマニラ・マカオに追放することになる。

⑤慶長19年４月　家康は五山僧に『群書治要』『貞観政要』『続日本紀』『延喜式』から公家・武家の法度に必要な箇所を抜き書きするよう命じ、儒学者林道春（羅山）とともに統括する。その成果は慶長20年（元和元年）７月「武家諸法度」・「禁中并公家諸法度」の発布として表れることになる。林道春といえば、方広寺鐘銘事件で銘文中の「国家安康」の文言は徳川家を呪詛するものであると家康に献言している。

⑥慶長19年８月家康は大仏鐘銘の写しに「国家安康」の語があり、家康の名を分断する文言を見て不快感を示した。同年９月金地院崇伝は本多正純とともに家康の意を受けて大坂方の片桐且元に徳川家に対し隔意のない証し求めたが、淀殿などの反対により決裂、大坂の陣を迎える。

⑦崇伝は家康の死が迫る中、家康から重要な使命を与えられることになる。元和２年４月本多正純・南光坊天海と共に家康の病床に呼ばれ、「臨終すれば御躰は久能へ納め、御葬禮は増上寺に申付け、御位牌は三川の大樹寺に立て、一周忌も過ぎた以後、日光山に小さい堂をたて勧請すること」（『本光国師日記』）と後事を託された。また家康

の使いとして本多正純と2人で秀忠に「御密旨」を伝えている。南光坊天海といえば天台宗の第一人者で、家康の前で教義を明らかにする問答、論義を多く取り仕切っている人物であった。慶長18年2月家康により、天海が住職である喜多院（川越市）は、関東の天台宗を統轄する寺院となっている。家康の死後に発生した神号問題で崇伝と天海が揉めて、天海が勝ったことは有名である。

＜本多正純＞

本多正純は駿府奉行衆の筆頭であった。徳川幕府の中にあって本多正信・正純の親子の存在は異色で、家康が最も信頼を寄せていた本多正信は将軍秀忠を補佐する役に回り、その息子である本多正純は家康の最側近として多方面の活躍をした。年表には直接出ていないが、外交の舞台では後藤庄三郎と共に諸外国から書翰《しょかん》を受け取り、また返書を出している（『異国日記』）。後藤庄三郎といえば、家康から金座を任され、徳川政権の財政と貿易に活躍した人物である。

徳川家と豊臣家の命運をかけた大坂の陣に、正純が深く関わったことは年表で読み取ることができる。

①大坂の陣の引き金となった方広寺鐘銘事件があった。慶長19年8月家康は大仏鐘銘の

写しに「国家安康」の語があり、家康の名を分断した文言を見て不快感を示し、正純は金地院崇伝とともに家康の意を受けて大坂方の片桐且元に徳川家に対する隔意のない証しを求めた。しかし、淀殿などの反対により決裂し、大坂の陣を迎えることになる。

②慶長19年11月家康の本陣住吉で大坂城攻めについて、正純は大御所家康・将軍秀忠・本多正信・藤堂高虎・安藤直次・成瀬正成と評定している。この重要な評定の席に大御所家康と将軍秀忠はむろんであるが、秀忠の補佐役本多正信と外様大名のなかで家康が最も信頼した藤堂高虎とともに、駿府奉行衆の本多正純・安藤直次・成瀬正成の3人が参画していた。本多正信以外の江戸奉行衆はその席に加わっていない。なお、この戦いでは正純は大坂方との講和交渉に当たるが、駿府奉行衆の安藤直次・成瀬正成とともに、諸大名の軍勢を統制する重要な役割も果たしていた。

家康の死が迫るなか、正純は家康の最側近として家康から重要な使命を与えられる。元和2年4月 正純は金地院崇伝・南光坊天海と共に家康の病床に呼ばれ、「臨終すれば御躰は久能へ納め、御葬禮は増上寺に申付け、御位牌は三川の大樹寺に立て、一周忌も過ぎた以後、日光山に小さい堂をたて勧請すること」（『本光国師日記』）と後事を託され、また家康の使いとして金地院崇伝と2人で秀忠に「御密旨」を伝えている。

〈大久保忠隣〉

大久保忠隣は将軍秀忠の最側近であった。ところが慶長19年1月19日に家康によって改易され、失脚している。その件に触れる前に忠隣が後ろ盾となっていた大久保長安の事件に触れておきたい。

大久保長安は創成期徳川幕府の財政面などで大きな業績を遺した人物である。佐渡金山や石見銀山などの鉱山開発、東海道や中山道の街道整備などは長安の業績として特筆される。慶長10年代駿府奉行衆のひとりとして活躍していたが、慶長18年4月大久保長安は駿府で死去する。死後数日後に不正蓄財が露見する。家康はその不正を許さず、葬儀の中止、財産の没収、そして諸子の切腹という厳罰を科している。さらに江戸奉行衆であった青山成重は長安の子を養子にしたことで連座し、罷免されている。これが大久保長安事件である。家康は股肱《ここう》の臣ともいえる長安を死去した後になぜ厳しく処分したのか。その真相は謎となっている。

大久保長安の後ろ盾となっていた大久保忠隣は慶長19年1月に改易される。大久保長安事件から1年も経ていなかった。幕府内の武功派と吏僚派の対立解消のため、家康は武功派トップ大久保忠隣を排除したとか、忠隣は大坂の豊臣秀頼擁護派であったからとも言われている。しかし家康が忠隣を罷免し、改易した真相は闇の中である。大久保忠隣・大久保長安・青山成重といった重臣であっても、家康は政権を脅かす者と判断すれば、厳しく処分しているのである。

大久保忠隣と青山成重は秀忠の年寄であった、にもかかわらず、秀忠に任免権はなかったことになる。『当代記』の慶長19年2月には「是自駿府依下知也」とあり、家康が忠隣に近江に蟄居するよう命じている。またこの忠隣改易に伴い、家康は江戸の重臣達９名から家康・秀忠に忠誠を誓わせるなど九ヶ条からなる血判起請文を徴している。その９人の中に奉行衆である酒井忠世・土井利勝・安藤重信の３名があるものの、本多正信の名はないのである。正信は秀忠の補佐役であるが、別の見方をすれば、駿府の家康から派遣された目付役であったとも言える。

大御所家康と将軍秀忠の下で仕えていた３人の人物を中心に徳川幕府の組織を見てきたが、その実態は次のように言うことができるだろう。大御所家康は亡くなるまで徳川幕府の首長として君臨し、将軍秀忠は家康の下でナンバーツーとして政権運営に携わっていた。また将軍秀忠は江戸の重臣達を配下に置いていたが、その重臣たちの生殺与奪権は家康が握っていた。さらに全国政権としての機能は駿府にあり、家康の意向に沿った政権運営は駿府の奉行衆達が担っていた。江戸の奉行衆が単独で全国政権の政策として発令するのは、大坂の陣が終わった慶長20年閏6月酒井忠世・土井利勝・安藤重信の江戸年寄衆連署による「一国一城令」であったと見ている。

これまで取り上げた人物をもとに慶長16年以降の徳川幕府の組織を示したい。次頁がその組織図である。大御所家康は江戸の秀忠とその奉行衆、そして駿府の奉行衆はじめ多くのブレーンを従えていた。二元政治とか二元的政治とかと一般的に言われているが、実態は最高権力者大御所家康を頂点とした一元政治の幕府であった。駿府城を居所とした大御所家康は徳川幕府の首長として、政治権力を行使する組織を動かしていたことになる。

慶長16年以降の徳川政権の組織図

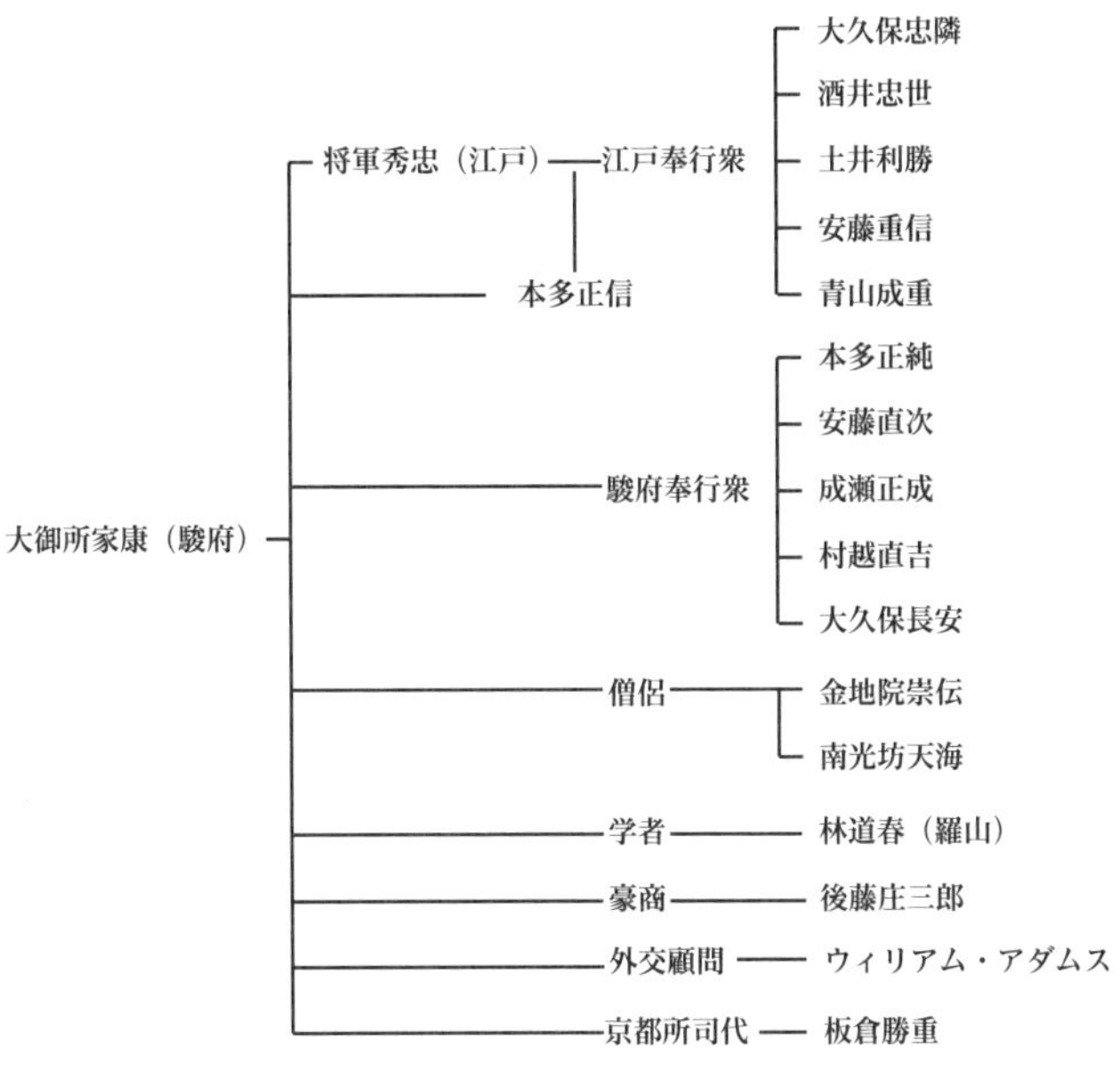

第４章　まとめ

独自の年表を作成し、それを読み解くことで、創成期徳川幕府の実像を明らかにしようとするのが目的であった。年表に関しては、年表編で慶長5年9月関ヶ原の戦いの勝利から元和2年4月家康死去までの年表を示し、第2章、第3章では年表にある主な事績を分野別年表として再構成し、家康と秀忠、伏見と駿府と江戸のそれぞれの役割を見てきた。

今回の結論に至るまでに大きな影響を受けたものがある。それは鎌倉幕府成立年の解釈変更である。これまで征夷大将軍就任＝幕府成立という形式基準があり、長い間その形式基準が主流となってきた。ところが近年になってその基準が見直され、実態基準に基づいた解釈が主流になってきた。形式基準という呪縛から解放されたことになる。

現在、多くの歴史学者による徳川幕府の研究で、膨大な知見が蓄積されている。その中にあってこれまでの考えとは異なる結論を出したことになる。

＜家康征夷大将軍時代＞
家康は武家棟梁として伏見の地で徳川幕府を担っていた。
徳川幕府の本拠地は伏見であった➡伏見幕府
＜家康大御所時代＞
将軍秀忠は武家棟梁として江戸の地で徳川幕府を担っていたのではなく、大御所家康が引き続き武家棟梁として駿府の地で徳川幕府を担っていた。
徳川幕府の本拠地は駿府であった⬇駿府幕府

その結論を引き出す大きな原動力は「Ｗｈｅｎ（いつ）」「Ｗｈｏ（だれが）」「Ｗｈａｔ（何を）」に「Ｗｈｅｒｅ（どこで）」を加えたオリジナルの年表であり、またその年表を再構成した分野別年表であった。

伏見で徳川幕府を開き、その幕府を駿府に移した徳川家康は、１５０年続いた戦国時代を終わらせ、念願であった天下統一の大事業を成し遂げた。秀忠の果たした役割も大きく、みずからの判断を示す機会は少なかったが、賢く父家康を支えた。この２人がいたからこそ、徳川家は将軍家として２６０年続いたと考えられる。

徳川家の代替わりは秀忠が家康から将軍職を譲られた時ではなく、家康死去後であった。秀忠は元和３年６月に上洛を果たしている。秀忠は軍事指揮権を発令し、多くの大名を従え上洛、京都で大名の転封と大名・公家・寺社への領知朱印状の交付を行い、家康から秀忠に代替わりしたことを天下に示した。それが上洛の目的であった。

少し話が逸れるが、この上洛の２カ月余り前の４月17日は一周忌に当たる家康の命日であった。それに合わせて日光で東照社の正遷宮が行われ、その翌日に秀忠も祭礼に参列している。その時に久能から家康の御遺骸と御霊が日光に遷されたと一般的に言われているが、実は日光には御霊を分けただけであった。秀忠は元和3年6月12日上洛のために江戸を発ったが、6月17日の家康の月命日に久能山に参詣しているのである（『台徳院殿御実紀』）。秀忠は久能山に登り、亡き父が眠る墓所と神として祀られた仮本殿に詣で、代替わりの上洛について事前に報告したことになる。徳川家康の墓所については拙著『謎解き!? 徳川家康の墓所』（2020年4月　静岡新聞社）がある。

話をもとに戻すと、秀忠は慶長10年4月に将軍となったが、父家康から譲られた権限、関東の領国経営や東国大名への軍事指揮権、そして領知宛行状の発給はあったものの、大半の権限は大御所家康に握られていた。元和2年4月に家康が死去したことで、秀忠は駿府に権力が集中していた組織を江戸に移し、徳川家の代替わりを天下に明らかにするため、元和3年6月に上洛した。この時から江戸を本拠地として江戸幕府・江戸時代が始まったのである。

その後250年間大名同士の戦のない平和な時代が続いたことになる。世界史的に見ても250年間戦争のない国は日本の徳川時代以外は見当たらないと言われている。その礎を築いた人物こそ駿府の地で75歳の生涯を閉じた徳川家康であったのである。

静岡市は駿府城跡天守台の発掘調査を平成28年（2016）8月から令和2年（2020）3月まで行った。その主な成果として、天正期豊臣秀吉時代の天守台と慶長期大御所家康時代の天守台の発見があった。

天正期駿府城については徳川家康の家臣松平家忠が書き遺した第一級史料『家忠日記』にその記述があったが、これまでの発掘ではまったく手掛かりがなく、「幻の城」と見られていた。その天守台が今回発見されたのであった。その規模は秀吉の大坂城天守台に匹敵し、当時日本最大級の規模といわれている。大量の金箔瓦も発見された。

天正期、駿府の地に大規模な天守台と金箔瓦を葺いた天守がなぜ必要だったのか。それには豊臣秀吉の天下統一が深く関わっていた。九州まで平定した秀吉は、最後の関門として関東・東北の平定が残っていた。そのため、その東側（東国）に最も近い駿府の地に大規模な城を築かせ、豊臣政権の力を誇示し、関東・東北の諸大名を牽制したかったと解釈している。

当時の駿府城の城主は徳川家康であった。家康は築城に当たって豊臣政権の力を借りたと考えられる。家康は巨石を積み上げる技術を持ち合わせていなかったと見られるからである。完成した天守は東国平定に大きく貢献し、秀吉の天下統一に繋がっていくことになる。しかし、駿府城を築き、城主であった家康は秀吉に命じられて天正18年（１５９０）駿府から江戸に領地替えとなった。

それから17年後の慶長12年（１６０７）に大御所家康として駿府に戻ってくる。その時、家康が深く関わった天正期駿府城はそのまま残されていたが、その城は豊臣色の城であった。豊臣から徳川の時代が変わったことを示すため、家康は敢えて破城にしている。そしてその上に日本最大の天守台を築いたのである。

城郭研究者によると、天守は6重7階で天守台の中央に独立して立つ「天守丸」構造となっていて、最上階は銅瓦で、棟の両端に黄金の鯱が輝き、3~5重目は鉛瓦が使用され、1階と2階は御殿造であったとされる。まさに天下人大御所家康にふさわしい豪華絢爛な天守であった。富士山をバックに眩しいばかりの天守が駿府の地に立っていたと想像するだけで、駿府が大御所家康の天下統一の総仕上げの地として選ばれたのはごく自然なことに思われる。

現在、駿府城跡天守台発掘調査エリアでは天正期天守台と慶長期天守台を同時に見学することができる。多くの方に豊臣時代から創成期徳川時代までの激動の時代を肌で感じてもらいながら、最終的には駿府城が平和の礎を築いた城であったということも理解してもらえば嬉しい。

特に駿府・静岡で生まれ育った子供たちには、郷土に家康が平和な世を目指して駿府城を築いたということを学び、それを誇りに思って成長して欲しいと願っている。

年表編

ここに掲げた年表は、徳川家康の「時」「居所」「期間」「事績」を表示した年表である。徳川秀忠やそのほかの人物、そして出来事も必要に応じてその中に書き入れた。従来の年表では書き表すことが少ない「居所」「期間」を入れたことで、家康の姿はより鮮明に映し出せたと考えている。「時」「居所」「期間」は、中村孝也著『家康伝（原本発行　1965年）』（国書刊行会　1988年2月）の「徳川家康公詳細年譜」や藤井譲治編『織豊期主要人物居所集成』（思文閣出版　2011年6月）の「家康の居所と行動」、そして藤井譲治著『徳川家康』（吉川弘文館　2020年2月）の「家康の居所・移動表」を参考にしている。「事績」は左記書物にある年表等を参考にしている。

中村孝也『家康伝（原本発行　1965年）』（国書刊行会　1988年2月）
大濱徹也他『江戸東京年表』（小学館　2002年12月）
福田千鶴『徳川秀忠』（新人物往来社　2011年2月）
藤井譲治編『織豊期主要人物居所集成』（思文閣出版　2011年6月）
東京学芸大学日本史研究室『日本史年表』（東京堂出版　2014年3月）
笠谷和比古編『徳川家康―その政治と文化・芸能』（宮帯出版社　2016年6月）
歴史学研究会『日本史年表』（岩波書店　2017年10月）
藤井譲治『徳川家康』（吉川弘文館　2020年2月）
山本博文『徳川秀忠』（吉川弘文館　2020年3月）
遠藤元男『江戸時代年鑑』（雄山閣　2021年2月）

1　関ヶ原の戦い勝利後から征夷大将軍就任まで

慶長5年（1600）9月～慶長8年（1603）2月（期間の単位：月、閏月含む）

時	居所	期間	事績
慶長5年9月27日～慶長6年3月23日	大坂	6	**慶長5年9月** ・大坂城西丸に入る **同年10月** ・石田三成、小西行長、安国寺恵瓊を六条河原で処刑する ・上杉景勝の老臣直江兼続、関ヶ原の敗報を聞き、出羽最上より撤兵する ・大坂城において関ヶ原合戦の論功行賞を行う ・公家門跡領と寺社領などについて勧修寺光豊を奉行として調査させる ・毛利氏処分が決まり、毛利輝元・秀就宛の誓紙を作成する ・長宗我部盛親、降伏する

同年11月
・禁裏御料所の進献と公家衆領地の加増などを奏請する
同年12月
・九条兼孝、関白に再任される
・西軍諸将の領知を没収し、東軍諸将に領知を宛行する
・豊臣氏、摂津・河内・和泉以外の蔵入地が削減される
（40カ国→3カ国、222万石→65万石）
慶長6年1月
・豊臣秀頼、大坂城本丸で諸大名の年賀を受ける
・東海道宿駅に伝馬掟の朱印状を一斉に出し、伝馬制の整備に着手する
同年2～3月
・一門と譜代を東海に大名として入封させ、江戸と京都を結ぶ東海地域をほぼ掌握する
同年3月
・伏見に移る

慶長6年3月23日〜慶長6年10月12日	伏見	6・5	**慶長6年3月** ・大坂から移る **同年5月** ・関ヶ原の戦い後はじめて参内する ・禁裏、女院などへの知行の進献と公家、門跡への知行割を行う ・金剛峯寺の学侶と行人方の寺領相論を裁決し、「高野山寺中法度」を出す ・伏見に貨幣鋳造のため銀座を置き、銀貨鋳造師の大国常是に統括させる ・紀伊、山城の5寺に寺領を寄進する **同年6月** ・佐渡金山を支配する ・京都の東の入口に当たる膳所崎を城の地に選ぶ **同年7月** ・豊国社に一万石を与える

・信濃善光寺に寺領一千石を寄附する

同年8月

・前田利常と秀忠の2女珠姫の婚儀あり

・上杉景勝を会津100万石から米沢30万石に減封し、蒲生秀行を宇都宮から会津60万石に封じる

・直轄地の関東で検地を行う

同年9月

・京都所司代に板倉勝重と加藤正次を任命する

・伏見に学校を建て円光院と号し、下野国足利学校の庠主の閑室元佶を招く

同年10月

・江戸に戻るため秀頼に暇乞いする

・呂宗長官テリョ・安南国阮潢に復書を送り、朱印船制度設置を告げる

慶長6年10月12日～慶長6年11月5日	伏見→江戸	1	・なし
慶長6年11月5日～慶長7年1月19日	江戸	2・5	**慶長6年11月～12月** ・鷹野に出かける **同年12月** ・青山忠成を江戸町奉行と関東総奉行を命じる **慶長7年1月** ・天皇の強い意向で、家康は正二位から従一位へ、豊臣秀頼は従二位から正二位に昇進する
慶長7年1月19日～慶長7年2月14日	江戸→伏見	1	・なし

慶長7年2月14日〜慶長7年10月2日

伏見

7・5

慶長7年2月

・中山道に伝馬制度を設ける

同年4月

・島津氏に薩摩、大隅、日向の所領を安堵する

同年5月

・諸大名に二条城の建設を命じる

・佐竹義宣を常陸水戸54万石から出羽秋田20万石に転封する

同年6月

・諸大名に伏見城の修築を命じる

・三河の寺社に寺領を寄進する

同年8月

・大和の寺社に寺領を寄進する

・大泥国に復書を送る

・暴風で土佐清水に遭難したイスパニア船、日本船と戦い脱出する

			同年9月 ・安南国と交趾国への渡航朱印状を交付する ・醍醐寺の理性院公秀と僧侶の内紛を裁決する ・呂宗長官に復書を送り、ノビスパンとの通商を求める **同年10月** ・安南国に復書を送る ・旗本層18人に、近江、山城、伊勢、備中で知行をあてがう ・伝通院参詣のため、伏見を発ち、江戸へ向かう
慶長7年10月2日～慶長7年11月3日以前に	伏見 ↓ 江戸	1	・なし
慶長7年11月3日以前に～慶長7年11月26日	江戸	1	**慶長7年11月** ・鷹野する

慶長7年11月26日 ～慶長7年12月25日	江戸 ⬇ 伏見	1	**慶長7年11月** ・5男武田信吉（20歳）を常陸水戸28万石に封じる **同年12月** ・旗本と代官への定め（百姓の殺害禁止など8条）を出す
慶長7年12月25日 ～慶長8年2月12日	伏見	1・5	**慶長8年1月** ・将軍補任の内意を得る ・徳川義直（3歳）に甲斐25万石を与える ・東埔寨国王に朱印船制創設する復書を送る **同年2月** ・秀頼への年頭の礼のため、大坂へ下向する ・勅使を伏見城に迎え、征夷大将軍宣下と同時に源氏長者に補任される

2　征夷大将軍就任から征夷大将軍退任まで

慶長8年（1603）2月～慶長10年（1605）4月（期間の単位：月、閏月含む）

時	居所	期間	事績
慶長8年2月12日～慶長8年10月18日	伏見	8	**慶長8年2月** ・勅使を伏見城に迎え、征夷大将軍宣下と同時に源氏長者に補任される ・上杉景勝、江戸に参勤し、初めて屋敷地を与えられる ・広橋兼勝と勧修寺光豊、朝廷より武家伝奏に任命される ・上洛時の接待役となる公家の昵近衆ができる ・京都東山大谷から親鸞の墓所を東山西麓の鳥部野に移し、その跡地を知恩院の菩提所とする **同年3月** ・江戸大改造事業に着手する ・伏見より二条城に入り、任官拝賀のため参内する ・関東総奉行内藤清成と青山忠成連署による「諸国郷村掟七ヶ条」が発布される

同年4月
・初の公帖（禅宗寺院住持の任命）を発給する
・豊臣秀頼、内大臣となる
・直臣の小笠原一庵を長崎奉行に任じる
同年7月
・孫千姫、大坂城の秀頼に嫁ぐ
同年8月
・宇喜多秀家を駿河の久能に流罪する
同年9月
・水戸城主であった5男の武田信吉が没する
同年10月
・木村勝正らに淀川過書船の管掌を許可する
（「淀川過書船条書」）
・安南国に復書を送り、安南との通商を公認する
・右大臣を辞す

慶長8年10月18日～慶長8年11月3日	伏見➡江戸	0.5	・なし
慶長8年11月3日～慶長9年3月1日	江戸	4	**慶長8年11月** ・権大納言徳川秀忠、近衛大将に任官される ・10男頼宣（3歳）に常陸水戸20万石を与える **同年12月** ・細川忠興に江戸の運送廻船を管掌させる **慶長9年1月** ・「蝦夷統治三ヶ条」の定め、松前慶広に蝦夷統治特権を与える **同年2月** ・日本橋を五街道の起点として街道を整備する
慶長9年3月1日～慶長9年3月29日	江戸➡伏見	1	・なし

慶長9年3月29日 〜慶長9年閏8月14日	伏見	5・5	**慶長9年4月** ・後陽成天皇から派遣された武家伝奏と会う ・公家衆と諸大名、そして豊臣秀頼の使者から年頭の礼を受ける ・西野に占城の渡航朱印状を与える **同年5月** ・本多正純と板倉勝重に命じて糸割符を導入する ・梵舜に祭事を問う **同年6月** ・江戸城増築を計画する （ただし、着工まで2年近くかかる） ・豊国臨時祭の次第を設定する ・参内する ・高台院を二条城に招く ・肥後人吉藩主相良長毎は老母を証人として江戸に送る （西国大名の江戸証人のはじめ）

同年7月

・諸大名に彦根城の普請助役を命じる

・同じころ、伏見城の石垣普請を課す

同年8月

・家康は秀頼とともに施主となって秀吉7回忌の豊国社臨時祭を執行する

・諸大名に対して、郷帳と国絵図を作成し、提出するように命じる

・安南に復書を送る

・鹿児島藩と京商人角倉了以、そして今屋宗忠に渡航許可の朱印状を交付する

同年閏8月

・ルソン国の使者から通船とキリシタン布教の許可を求められる

・伝通院3回忌の法要と家光誕生を祝うため、江戸に向け出発する

慶長9年閏8月14日～慶長9年9月13日	伏見➡江戸	1	・なし
慶長9年9月13日～慶長10年1月9日	江戸	4	**慶長9年10月～11月** ・鷹野する **慶長9年** ・関東諸国では鐚銭を用いず、永楽銭を通貨とする **慶長10年1月** ・上洛にあたっての「七ヶ条の条々（喧嘩口論の禁止など）」を出す
慶長10年1月9日～慶長10年2月19日	江戸➡駿府➡伏見	1・5	**慶長10年1月** ・秀忠、10万騎を従え江戸を発つ **同年2月** ・駿河、遠江、信濃、甲斐の材木を調査する

慶長10年2月19日～慶長10年4月16日	伏見	2	**慶長10年3月** ・伏見城で朝鮮の使者を引見し、本多正信と西笑承兌を講和に当たらせる **同年4月** ・初めて外様大名の前田利光に松平姓を与える ・参内する ・豊臣秀頼、右大臣に昇進する ・秀忠は征夷大将軍に任じられ、家康は源氏長者をそのまま保持する

3　征夷大将軍退任から駿府入りまで

慶長10年（1605）4月～慶長12年（1607）3月（期間の単位：月、閏月含む）

時	居所	期間	事績
慶長10年4月16日～慶長10年9月15日	伏見	5	**慶長10年4月** ・秀忠は征夷大将軍に任じられ、家康は源氏長者をそのまま保持する **同年5月** ・秀頼の上京を促すが、拒否される ・秀忠、伏見を発ち、6月4日に江戸に戻る **同年6月** ・諸大名を伏見城に召して嘉定の儀を行う **同年7月** ・院御所造営の地を見分する ・島津忠恒と鍋島直茂に安南、西洋への渡海朱印状を与える **同年8月**

			・院御所の地割のため、左右京図を閲覧する ・家康の奏請によって仁和寺宮が諸門跡の首座となる **同年9月** ・ルソンに年4回の商船の来航を許可する
慶長10年9月15日～慶長10年10月28日	伏見➡江戸	1・5	**慶長10年9月** ・美濃加納の普請を検分する
慶長10年10月28日～慶長11年3月15日	江戸	4・5	**慶長10年11月～12月** ・川越と忍で鷹野する **同年12月** ・幕府、書院番を設け、水野忠清らを書院番頭に任ずる **慶長11年1月** ・関東総奉行内藤清成と青山忠成は鷹狩りのことで家康の怒りをかい、職を免ぜられ、蟄居となる **同年3月** ・江戸城大増築の助役を西国大名に命じ、工事着工する

慶長11年3月15日～慶長11年4月6日	江戸⬇ 駿府⬇ 伏見	1	**慶長11年3月** ・駿府城を視察し、居城にすることを決める
慶長11年4月6日～慶長11年9月21日	伏見	5・5	**慶長11年4月** ・大阪奉行の名で大坂の町にキリシタン禁令を出す ・武家伝奏に武家の官位については家康の推挙なく与えないよう求める ・長崎奉行を小笠原一庵から長谷川藤広に替える ・内藤信成を駿府から近江長浜に移す ・宇喜多秀家を駿河の久能から伊豆八丈島に流す **同年7月** ・宗義智、家康の国書を偽作して朝鮮に送る ・京都禁裏御所の増築と仙洞御所の造営を行う **同年8月** ・義直と頼宣を元服させ、2人を伴って参内する ・奇楠香を求め、占城国王への書翰を送る

			（朱印状発給） ・大泥と柬埔寨へ復書を送る ・角倉了以に命じた嵐山大堰川の舟路、完成する **同年9月** ・江戸城縄張りに功のあった藤堂高虎に備中国で2万石を加増する ・安南国に兵器と奇楠を求めて復書を送る ・奇楠香への執念 柬埔寨国王に書翰を送る（朱印状発給） ・暹羅国王に兵器と奇楠を求めて書翰を送る （朱印状発給） ・伏見城の本丸、天守、諸門の番を定め、伏見城の留守を結城秀康に託し、伏見を発って江戸へ向かう
慶長11年9月21日～慶長11年11月4日	伏見⬇駿府⬇江戸	1・5	**慶長11年9月** ・江戸城本丸工事が終わり、将軍秀忠が入る **同年10月**

・駿府城を川辺の地に移そうと計画する

慶長11年11月4日～慶長12年2月29日	江戸	4	**慶長11年11月** ・駿府城を川辺の地に移す計画は中止する ・宗義智から朝鮮使節渡海の知らせを受ける **同年12月** ・奇楠香に執念あり。田弾国王に書翰を送る（朱印状発給） ・永楽銭の使用停止、鐚銭のみを用いるべき旨の高札が、日本橋に立てられる **慶長11年** ・駿府に銀座役所を設置する **慶長12年1月** ・将軍秀忠の年賀を受ける ・家康の5女市姫、駿府で誕生する **同年2月** ・伊達政宗の屋敷を御成する

			・北国と西国の大大名を動員して、駿府城大増築工事に着手する ・伝馬朱印を改定する
慶長12年2月29日～慶長12年3月11日	江戸⬇駿府	0・5	**慶長12年3月** ・4男松平忠吉（清須城主）、死去する
慶長12年3月11日	駿府		**慶長12年3月** ・駿河入りする

4　駿府入りから上洛まで

慶長12年（1607）3月〜慶長16年（1611）3月（期間の単位：月、閏月含む）

時	居所	期間	事績
慶長12年3月11日〜慶長12年10月4日	駿府	8	**慶長12年3月** ・駿河入りする ・畿内5カ国と丹波、備中、近江、伊勢、美濃の諸大名に命じて、伏見城の金銀と器財を駿府に移させる **同年4月** ・秀忠、江戸城で朝鮮使節から国書を受け取り、復書を与える **同年閏4月** ・関東、奥羽、信越の諸大名に江戸城天守と石垣の修築を命じる ・2男結城秀康（福井藩初代藩主）、死去する ・9男義直に尾張（62万石）を与える ・松平定勝を伏見城代に任じる

			同年5月 ・朝鮮使節（回答兼刷還使）と対面し、国交を回復する **同年7月** ・完成した駿府城の御殿に移る **同年8月** ・角倉了以、富士川舟路（岩渕―甲府）を開く
慶長12年10月4日〜慶長12年10月14日	駿府 ⬇ 江戸	0・5	・なし
慶長12年10月14日〜慶長12年11月1日	江戸	0・5	**慶長12年10月** ・江戸に行き、秀忠に金3万枚（30万両）・銀1万3000貫（約26万両）を贈与する
慶長12年11月1日〜慶長12年12月12日	江戸 ⬇ 駿府	1・5	・なし

慶長12年12月12日～慶長13年9月12日	駿府	9	**慶長12年12月** ・駿府城、全焼する ・角倉了以、天竜川舟路（諏訪―掛塚）を開く **慶長13年1月** ・本多正純邸で正月を迎え、2日秀忠の使者酒井家次から、3日豊臣秀頼の使者織田頼長から年頭の礼を受ける ・駿府城本丸再建のために三河・遠江から人夫を徴発、木曽・熊野・伊豆の材木を伐採する ・安南へ渡航の朱印状を交付する **同年2月** ・駿府城本丸の上棟式を行う **同年3月** ・駿府城が再建され、駿府城に入る ・本因坊散砂らの囲碁、大橋宗桂らの将棋を観戦 **同年5月** ・フィリピン臨時総督ドン・ロドリコは家康と秀忠に書簡を送り、日本商船の制限とイスパニア人の保護、そして布教の許可を要請する

同年7月
・高野山争論を裁断する
・伊奈忠次に尾張領総検地を命じる
・暹羅・マラッカへ渡航の朱印状を交付する
同年8月
・柬埔寨国王へ復書を送る
・「比叡山法度」を出す
・秀忠、駿府に行き、駿府城本丸移徙を賀す
・駿府城天守の上棟式を行う
・秀忠は駿府城で義直に領知判物を発給する
・家康と秀忠は駿府城で浄土宗僧130人を集め、法問を聴講し、増上寺の存応より五重血脈の相伝を受ける
・呂宋国と柬埔寨国に武器武具を贈る
同年9月
・秀忠は駿府を発ち、江戸に下向する

慶長13年9月12日～慶長13年9月23日	駿府⬇江戸	0・5	・なし
慶長13年9月23日～慶長13年12月2日	江戸	2・5	**慶長13年9月** ・生母の水野氏を葬る伝通院に参詣し、寺領300石を寄進、檀林とする **同年10月** ・近江坂田郡柏原の成菩提院に寺領を寄進するとともに「成菩提院法度」を出す **同年11月** ・家康の願いにより、増上寺は勅願所に勅許される ・他宗を誹謗した法華宗常楽院の日経と浄土宗英長寺の廓山を江戸城西丸に呼び、高野山遍照光院を判官に法論を行わせる **慶長13年** ・伏見の銀座を京都に移し、大坂に銀座を設ける

慶長13年12月2日〜慶長13年12月8日	江戸 ⬇ 駿府	0・5	・なし
慶長13年12月8日〜慶長15年10月14日	駿府	22	**慶長14年1月** ・秀頼は家康の勧めにより方広寺大仏殿再興に着手する **同年2月** ・上方大名の人質を駿府から江戸に移住させ監視を厳重にさせる **同年3月** ・大坂の四座の能役者を駿府に移住させる **同年4月** ・島津家久、家康が認めた琉球王国出兵により首里を攻略、5月琉球王を捕える **同年5月** ・聖護院門跡に修験道の古来の法度の順守を示達する **同年6月**

・後陽成天皇に仕える官女と若公家衆との密通事件あり
同年7月
・島津家久に琉球を与える
・オランダ東インド会社職員ポイクを引見、貿易を許可、オランダ商館、平戸に開く
・オランダ国王に復書を送る
同年8月
・真言宗寺院（東寺・醍醐・高野）への法度を出す
同年9月
・中国地域の大名に丹波篠山城普請役を課す
・伊勢の内宮と外宮とのあいだで遷宮の前後をめぐる争いがあり、天皇からその理非を尋ねられる
・前フィリピン臨時総督ドン・ロドリコ、メキシコへの帰還中上総国に漂着、駿府に向かう途中に江戸城で秀忠に表敬訪問する
・西国大名から５００石積以上の大船を没収し、駿府と江戸に廻送させる

同年10月

・駿府城で前フィリピン臨時総督ドン・ロドリコを引見し、対メキシコ貿易・鉱山技師の招致を要請する

・官女密通事件で「武命」により処分する

同年12月

・10男頼宜に駿府遠江50万石、11男頼房に水戸25万石を与える

慶長14年

・中国、西国、北陸の大名に12月関東に下り、江戸で越年するよう指示する

慶長15年1月

・年頭の礼を秀忠の使者大久保忠隣、2日豊臣秀頼の使者から受ける

同年2月

・豊臣恩顧の大名20家に名古屋城築城助役命令を発し、6月3日名古屋城の普請が開始される

同年閏2月

・越後福島藩の御家騒動を駿府城本丸で裁定し、藩主堀忠俊を改易、6男松平忠輝に越後を与える

同年4月

・法隆寺の争論を裁断する

・武家伝奏に「七ヶ条の条書」を出す

・「高野山寺中法度」を出す

同年6月

・前フィリピン臨時総督ドン・ロドリコにウィリアム・アダムス建造の洋式帆船を与え、メキシコ帰国するにあたり、その使節として京商人田中勝助を任命する

同年7月

・家康の願いにより、江戸増上寺の存応は国師号を朝廷から賜る

・丹波亀山城普請を中国と西国の諸大名に命じ、その普請が終了する

・シャム国王に鉄砲と塩硝の船載を要請する

・広東商人に来航朱印状を交付する

			同年8月 ・島津家久に伴われた琉球王尚寧王を引見する **同年9月** ・秀忠、島津家久に伴われた琉球王尚寧王を引見する ・鎌倉五山、駿府清見寺、臨済寺などの僧に命じて『群書治要』を写させる **同年10月** ・石清水八幡宮に「五ヶ条の定め」を出す ・天皇に「三ヶ条（親王の元服と政務見習、そして摂家衆の意見具申）」を申し出る
慶長15年10月14日～慶長15年11月18日	駿府 ⬇ 江戸	1	**慶長15年11月** ・駿府を発ち、鷹狩りをしながら江戸城に入る
慶長15年11月18日～慶長15年11月27日	江戸	0・5	・なし

慶長15年11月27日～慶長15年12月10日	江戸➡駿府	0・5	・なし
慶長15年12月10日～慶長16年3月6日	駿府	3	**慶長15年12月** ・明の福建省総督に勘合貿易を求める書翰を送る ・豊国社の社領1万石を安堵する **慶長16年1月** ・秀忠の使者から歳首の賀を受ける **同年3月** ・秀忠は東国大名に命じ、江戸城西の丸石垣・堀などの工事を着手し、7月10日竣工する ・9男義直と10男頼宜を伴い、後水尾天皇即位礼のため駿府を発つ
慶長16年3月6日～慶長16年3月17日	駿府➡京都	0・5	・なし

慶長16年3月17日	京都		**慶長16年3月** ・京都に入る

5—1　上洛から大坂の陣、そして死去まで

慶長16年（1611）3月～慶長18年（1613）9月（上洛～イギリスとの国交締結）

時	居所	期間	事績
慶長16年3月17日～慶長16年4月18日	京都	1	**慶長16年3月** ・徳川家の元祖新田義重に鎮守府将軍、父広忠に大納言の贈官を朝廷に申し入れ、即日勅許される ・9男義直を右近衛権中将参議に、10男頼宣を右近衛権中将参議に、11男頼房を左近衛少将に、次男結城秀康の子松平忠直を左近衛少将に叙任される ・後陽成天皇が譲位、御料2000石を献上する ・二条城で秀頼と会見する ・後水尾天皇即位に伴う禁裏御所の新造を、4月には禁裏の築地普請を、諸大名に命じる **同年4月** ・義直と頼宣を大坂の秀頼に礼謝として遣わす ・高野山衆30人を召して論議を聴聞する

			・後水尾天皇即位礼を拝観する ・外様大名である近畿、中国、四国、西国の諸大名22名に「三ヶ条（在京の諸大名に将軍の法度を守ることなど）」を誓約させる
慶長16年4月18日～慶長16年4月28日	京都⬇駿府	0・5	・なし
慶長16年4月28日～慶長16年10月6日	駿府	5	**慶長16年4月** ・メキシコ総督答礼使ビスカイノ、浦賀に入港、5月江戸城で秀忠に、6月駿府城で家康に謁見する **同年6月** ・加藤清正、死去する **同年7月** ・ポルトガル使節ソトマイオールを引見し、貿易再開の要求に対して9月に許可する

			・オランダ人を引見し、オランダ商船来航の許可朱印状を与える **同年9月** ・メキシコ総督の答礼使ビスカイノに沿岸の測量を許す ・ルソン使者を引見する ・南蛮の世界地図屏風をみる ・9男義直と10男頼宜を伴って駿府の藤堂高虎邸へ御成りする
慶長16年10月6日〜慶長16年10月16日	駿府 ⬇ 江戸	0・5	・なし
慶長16年10月16日〜慶長16年10月26日	江戸	0・5	**慶長16年10月** ・秀忠御台所（崇源院）の前で家光・忠長の長幼の序を正す

慶長16年10月26日〜慶長16年11月23日	江戸 ⬇ 駿府	1	**慶長16年10月** ・戸田へ鷹野に行き、その後も鷹野を楽しむ **同年11月** ・存応らを忍に招き、仏法について語る ・新田義重鎮守府将軍追善のため、存応に上野国新田の遺跡の探索を命じる ・9男義直、疱瘡に罹患するも病状回復する ・11月6日鴻巣、13日川越、16日神奈川で秀忠と会う
慶長16年11月23日〜慶長17年閏10月2日	駿府	11	**慶長16年11月** ・明国商人に長崎での貿易を許可する **同年12月** ・天領の年貢米を駿府、江戸に運送させる **慶長16年** ・金地院崇伝に命じ、法度制定のため諸寺院の記録を集めさせる **慶長17年1月**

・1日秀忠の使者、2日豊臣秀頼の使者、3日国持諸大名の使者から年頭の礼を受ける
・秀忠は「三ヶ条の誓詞」を東国諸大名から徴する
・名古屋に入り、建設中の名古屋城を視察する
同年2月
・後陽成上皇と後水尾天皇の相伝宝物争いを裁許する
同年3月
・本多正純の与力、岡本大八の贈収賄事件あり
同年4月
・南光坊天海に会い、川越の喜多院に寺領を寄進する
同年5月
・「戸隠山法度」を出す
・「多武峰法度」を出す
・円光寺元佶の死去に伴い、金地院崇伝に外交文書などの作成を命じる
・「修験道法度」「関東真儀真言宗法度」を出す
・「曹洞宗法度」を出す

同年6月
・公家に放鷹をやめさせ家学を奨励するよう武家伝奏を通して命じる
同年7月
・一乗院門主、日野唯心、金地院崇伝、藤堂高虎らを駿府城内に招き茶会を催し、古田織部が茶を点てる
・メキシコ総督への返書(復書)を答礼使ビスカイノに渡し、キリスト教布教を禁止する姿勢を明確にする
・大久保長安の中風治療に烏犀円の投与を決める
同年8月
・呂宗船主西ルイスに引見し、来航許可朱印状を与える
・駿府瀬名谷に川狩りに出かける
・板倉勝重と金地院崇伝に寺社のことを司るよう指示する
同年9月
・ゴアとルソンの使節と引見、来航朱印状を与え、ゴア総督と呂宗国主に復書を送る
・「興福寺法度」を出す

			同年10月 ・「長谷寺法度」を出す ・オランダ商館長を引見、オランダ国王に復書を渡す
慶長17年閏10月2日～慶長17年閏10月12日	駿府 ⬇ 江戸	0・5	・なし
慶長17年閏10月12日～慶長17年12月2日	江戸	1・5	**同年17年11月** ・秀忠とともに福井藩の家中騒動を裁くため、関係家老を江戸城西丸で対決させる
慶長17年12月2日～慶長17年12月15日	江戸 ⬇ 駿府	0・5	**同年12月** ・秀忠、福井藩の家中騒動を裁許する ・林道春に駿府に居住するよう命じる

慶長17年12月15日～慶長18年9月17日	駿府	9	**慶長17年12月** ・領知朱印状発行のため、「駿府年寄連署奉書」をもって諸大名、旗本、寺社に知行の書き上げを命ずる **慶長17年** ・駿府の銀座を江戸へ移す **慶長18年1月** ・1日秀忠の使者酒井家次、2日豊臣秀頼の名代速水守次、3日国持大名の使者から年頭の礼を受ける ・駿府に越年した中国、四国、西国大名は駿府を発ち、江戸に下る **慶長18年2月** ・江戸から来た土井利勝と相談、池田輝政の跡を決定する ・川越喜多院天海の天台論義を聴聞し、喜多院宛に「関東天台宗諸法度八ヶ条」を出す **同年3月** ・江戸浅草寺に法度を出す **同年4月**

・「智積院法度」を出す
・大久保長安（駿府年寄）の死去後に露見した長安の不正を糾弾し、息子らに切腹を言い渡す
同年6月
・武家伝奏に「公家衆法度」と「紫衣法度」を申し渡す
同年7月
・石清水八幡宮に法度を出す
同年8月
・駿府の報土寺において父広忠の五十年忌の法要を行い、増上寺存応の法問を聴く
・ルソン使節を引見する
同年9月
・ウィリアム・アダムスが案内したイギリス使節ジョン・セーリス一行を引見、ジェームズ一世の書簡を受け取り、通商を許可、両国の隣好を約す復書を渡す
・イギリス使節ジョン・セーリス一行は江戸に向かい、秀忠と謁見する

・イスパニア総督の使節ビスカイノは伊達政宗のローマへの使節支倉常長が乗った船の船客として陸奥月浦よりメキシコへ帰る	

5―2　上洛から大坂の陣、そして死去まで

慶長18年（1613）9月～慶長20年（1615）5月（大久保忠隣改易～大坂の陣）

時	居所	期間	事績
慶長18年9月27日～慶長19年1月21日	江戸	4	**慶長18年9月～慶長19年1月** ・鷹野を行う **慶長18年11月** ・鷹野の路次で代官非法の訴を裁許する **同年12月** ・南光坊天海と増上寺の源誉存応の法話を聴聞する ・大久保忠隣に伴天連門徒追放のために京都に上るよう命じる ・金地院崇伝に「伴天連追放之文」を書くように命じ、将軍秀忠の名で「伴天連追放令」を出す **慶長19年1月** ・1日江戸城西丸で秀忠の歳首の賀を受け、2日には豊臣秀頼の使者の歳首の賀を受ける

			・大久保忠隣、京都に入り教会を壊し、宣教師の長崎追放と信徒改めを行った ・秀忠の重鎮大久保忠隣を京都のキリシタンの教会堂を破却中に改易する
慶長19年1月21日〜慶長19年1月29日	江戸 ⬇ 駿府	0	**慶長19年1月** ・大久保忠隣の小田原城二の丸・三の丸を破却する
慶長19年1月29日〜慶長19年10月11日	駿府	8	**慶長19年3月** ・勅使から秀忠の娘和子入内受諾の返事を受ける ・秀忠は従一位右大臣に叙任される ・守随兵三郎に関東中の秤目を管掌するように命じる ・幕府は松平忠輝のために東国諸大名に命じて越前高田城を築かせる **同年4月** ・京都五山僧に『群書治要』『貞観政要』『続日本紀』『延喜式』から、公家・武家の法度に資料となるものを抜き書きするよう指示する

1

・今秋に上洛し、公家と寺社への永代法度を定める意向を示し、以心伝心と本多正純を通じて、公家の船橋秀賢に院御所などの記録を書き立てるよう命じる

同年5月

・方広寺大仏殿の梵鐘が鋳成される

同年7月

・天海より血脈の相伝を受ける

・死去した前田利長の隠居領の処置について、秀忠から相談を受け、隠居領を利光（利常）に与える

・方広寺大仏開眼供養の延期を命じる

同年8月

・大仏鐘銘の写しに「国家安康」の語があるのを見て不快感を示し、大坂の陣の直接の原因となる

・家康の小姓だった原主水はキリシタンのかどで捕らえられ、安倍川刑場で手足の指と足の筋を切られ、市中引き回しの上、追放される

同年9月

			・本多正純と金地院崇伝は家康の意を受け、片桐且元に秀頼の方から徳川家に隔意のない証しを求める ・秀頼と淀殿は片桐且元の考えに激怒する ・高山右近らキリシタン148人をマニラ・マカオに追放する **同年10月** ・京都所司代板倉勝重から大坂城騒乱の報告があり、大坂城攻めを決断する ・江戸の秀忠に出陣の準備を通知し、東海、北陸、西国などの諸大名にも陣触を出す ・駿府城の留守を頼房に命じて駿府を発つ
慶長19年10月11日〜慶長19年10月23日	駿府⬇京都	0・5	**慶長19年10月** ・宣教師と信徒たちをマカオ・マニラへ追放したとの報が届く

慶長19年10月23日〜慶長20年1月3日	京都 大坂	2・5	**慶長19年10月** ・林羅山と崇伝に命じて、五山の僧衆に金地院で古記録を謄写させる ・摂津と河内へ禁制を出す ・二条城に入る **同年11月** ・秀忠、伏見城に入る ・大坂城攻めのため、二条城を発ち奈良に宿泊する ・漢国神社に詣で胴丸具足を奉納する ・秀忠、枚方に入る ・住吉に陣を張り、大坂城攻めについて将軍秀忠・本多正信・本多正純・藤堂高虎・安藤直次・成瀬正成と評定する ・陣中見舞いの勅使と対面する ・11月の終わりには大坂城包囲網が出来上がる **同年12月** ・前田利光・松平忠直・井伊直孝、功を焦り、家康の指示を待たずに真田丸を攻撃する

・大坂城中の織田有楽と大野治長に書状を送り、和睦交渉を始める
・大坂城を砲撃する
・勅使、茶臼山の家康の陣に来る
・家康、天皇による仲裁を退ける
・大坂城二の丸と三の丸の堀を埋め立てるなどの条件で講和がなる
・血判の誓紙を書く
・茶臼山で参陣の諸大名を引見し、蜂須賀至鎮と池田忠義に戦功を賞して感状を与える
・二条城に凱旋する
・金地院崇伝と林道春から『旧事本紀』などの謄写本を受け取る
・参内し和議を奏す
・二条城に来た両武家伝奏から「禁中の儀式に関する七ヶ条」の目録を受ける

	慶長20年1月3日～慶長20年2月14日
	京都⬇駿府
	1・5
慶長20年1月 ・1日二条城で豊臣秀頼の使者から、2日勅使から年賀を受ける ・大沢基宿を遣わし天皇に年頭の賀を述べ、京都を発つ	**慶長20年1月** ・名古屋で鷹野を行い、秀忠の使者より大坂城破城の様子を聞く ・岡崎で鷹野、秀忠の使者より大坂城破城の様子を聞く ・秀忠の使者から大坂破城が大形終了したことを聞く ・秀忠、岡山の陣を払い伏見城に入る ・秀忠、参内する **同年2月** ・中泉に来た本多正純から大坂城割完了の報告を受ける

慶長20年2月14日～慶長20年4月4日	駿府	1・5	**慶長20年3月** ・豊臣秀頼の使者青木一重、淀殿の使者常高院、二位局、大蔵卿局、正永尼に会う ・崇伝と林道春から『朝野群載』などの古記録の書写が終わったとの報告を受ける ・両武家伝奏がもたらした天皇の「祭事之書物（禁裏儀式）」を崇伝から聞く ・古田織部の茶堂木村宗喜による洛中放火の企てが露見する ・秀忠の家臣井上正就と密談する ・古田織部を幽閉する ・京都所司代板倉勝重から大坂再挙の報を聞く **慶長20年4月** ・豊臣秀頼に大和か伊勢のいずれの地を勧め、大坂城の明け渡しを求めるが決裂、大坂再征を決意する

慶長20年4月4日～慶長20年4月18日	駿府➡京都	0・5	**慶長20年4月** ・義直の婚儀のためとして駿府城を発つ ・名古屋城で義直と浅野幸長の娘との祝言を祝う ・18日、二条城に着く
慶長20年4月18日～5月8日	京都 大坂	0・5	**慶長20年4月** ・秀忠、21日伏見城に入り、22日二条城を訪れる **同年5月** ・5日、二条城を発ち、大坂へ向かう ・6日、平岡に陣を進める 河内片山道明寺で激戦、大坂方敗退する ・7日、茶臼山辺で巳刻（午前10時）に合戦が始まり、豊臣方優勢のうちに展開し、一時真田信繁が家康の本陣に突入するが、力尽きる ・同日未刻（午後2時）に茶臼山に入る ・同日申刻（午後4時）大野治長が千姫を城から脱出させ、秀頼母子の助命を願う ・8日正午すぎ、秀頼と淀殿は自害する

5—3　上洛から大坂の陣、そして死去まで

慶長20年（1615）5月～元和2年（1616）4月（大坂の陣後～家康死去）

時	居所	期間	事績
慶長20年5月8日～元和元年8月4日	京都	3	**慶長20年5月** ・8日申刻（午後4時）に茶臼山を発ち、戌刻（午後10時）に二条城へ入る ・二条城に来た諸大名を引見、浅野長晟、松平忠直らを賞する ・公家衆に「公家諸法度」について意見を開陳させる ・井伊直孝に5万石の加増の領知朱印状を発給し、藤堂高虎にも5万石の加増を与える **同年6月** ・古田織部は大坂方へ内通の嫌疑により切腹する ・参内と院参する **同年閏6月** ・「浄土宗法度」を出す

・秀忠の江戸年寄衆連署で、主に西国大名を対象に「一国一城令」を出す

同年7月

・秀忠、伏見城に諸大名を集め、家康の命で崇伝が起草した「武家諸法度」を申し渡す

・豊国社を方広寺大仏殿回廊の裏に移転する

・「元和」と改元される

元和元年7月

・二条城の泉水御座敷に両武家伝奏を召し、「禁中幷公家中諸法度」を二条昭実、および将軍秀忠との3名連名で申し渡す

・「諸宗寺院法度（諸宗本山・本寺）」を定め、社寺に社寺領朱印状を下す

・武家伝奏の広橋兼勝は公家と門跡衆の面前で「禁中幷公家中諸法度」を読み上げる

元和元年8月4日〜元和元年8月23日	京都→駿府	0・5	・なし
元和元年8月23日〜元和元年9月29日	駿府	1	**元和元年8月** ・駿府に帰還する **同年9月** ・駿府城外で鷹狩りをする ・曹洞宗の法問を聴く ・6男松平忠輝を不埒により勘当する ・江戸へ向けて駿府を発つ
元和元年9月29日〜元和元年10月10日	駿府→江戸	0・5	**元和元年10月** ・道中の鷹野を行う

元和元年10月10日～元和元年12月4日	江戸	2	**元和元年10月～12月** ・鷹野を行う
元和元年12月4日～元和元年12月16日	江戸 ⬇ 駿府	0・5	**元和元年12月** ・泉頭の隠居所普請を計画する （その計画は翌年1月12日中止となる）
元和元年12月16日～元和2年4月17日	駿府	4	**元和2年1月** ・1日秀忠、江戸城黒書院で13歳の家光を左に座らせる ・曹洞宗の法問を聴くが、これが最後の法問聴講となった ・駿河の田中で鷹野に出て発病する **同年2月** ・秀忠、駿府に到着する ・病床に藤堂高虎と金地院崇伝を召して話をする **同年3月** ・秀忠に9男義直、10男頼宣、11男頼房を側において目をかけるよう申し渡す

・後水尾天皇、家康を太政大臣に任じ、勅使が駿府に赴いて、家康に太政大臣任官の宣旨を伝える

同年4月

・2日、本多正純と金地院崇伝、そして南光坊天海を召し、後事を託す

・3日、本多正純と金地院崇伝を使いとして秀忠に「御密旨」を伝える

・8日、前田利常・島津家久・細川忠興らを召し、遺物の刀剣を下賜する

・16日秀忠は家康を駿河久能山に祀ることを神龍院梵舜に伝える

・17日巳刻（午前10時）駿府城で75歳の生涯を閉じる

・遺命により、その日の夜に家康の遺骸は久能山に移される

・19日、吉田流神道で久能山奥社の廟に安置される

あとがき

令和5年のNHK大河ドラマは松本潤が徳川家康を演ずる「どうする家康」であった。徳川家康を主人公にその一生を描く大河ドラマといえば、昭和58年（1983）の滝田栄が主演を務めた『徳川家康』を思い起こす。それから40年が経過した。今回も家康の晩年までを取り上げていたが、困難に直面して「どうする⁉」と悩み、成長していく感情豊かな家康を松本潤が演じていた。

静岡浅間神社の境内に「どうする家康　静岡　大河ドラマ館」が、駿府城三の丸にあたる元青葉小学校跡地に静岡市歴史博物館が令和5年1月に同時オープンした。地元静岡には県内外から多くの観光客が訪れ、「家康ブーム」で賑わった。

大河ドラマ「どうする家康」は最新の歴史研究が反映した作品といわれ、歴史好きにとって非常に興味をそそるドラマとなっていた。このドラマに触発された形で、私が考える視点から創成期徳川幕府の実像に迫った。それが本書である。

大御所政治を駿府で行った家康は、75歳でその生涯を駿府城で閉じ、遺言によって久能山に葬られたが、徳川幕府といえば江戸城、東照宮といえば日光東照宮とのイメージが強く、駿府城や久能山東照宮のイメージは薄かった。私流にいえば、日本中が「江戸・日光中心史観」に支配されているかのように感じていた。

平成14年（2002)、「江戸・日光中心史観」のうち「日光中心史観」に風穴を開ける出来事があった。その年の11月17日に静岡新聞朝刊の連載記事「石は語る　家康廟　遺体の行方めぐる謎」で久能山東照宮宮司落合偉洲氏（現在、名誉宮司）が、これまで公にすることがなかった「遺言通り遺体は久能山にある」の話を宮司自ら発言されたのである。私はこの発言に驚き、郷土静岡に誇りを持つきっかけとなった。

落合氏は平成30年（2018）3月、一般社団法人全国寺社観光協会機関誌「寺社Now」で「家康公の神霊を久能山から日光に分霊する形で、日光東照宮が創建された」と語るなど、その発信力は高く、徳川家康の御遺骸と御霊は今も久能山東照宮で大切に守り続けられていることを日本全国に伝えた。

一般向けの歴史雑誌の取り上げ方も変化してきた。その一例を挙げると、令和4年（2022）12月10日発行の歴史雑誌「歴史と人物　家康と歴代将軍」(中央公論新社)に「諸記録から日光へ「改葬」といわれていたが、現在は日光へは「分霊」のみで、亡骸は久能山のままと解釈する説が主流だ」（44ページ）と書かれているのである。

では、「江戸中心史観」の方はどうだろうか。東京都には今は皇居となっている将軍の城であった江戸城がある。その認知度は日本トップクラスであり、「江戸中心史観」の象徴的城となっている。一方、静岡市には家康大御所政治の舞台となった駿府城があるが、少なくとも平成27年（2015）までは全国的認知度は低かった。

ところが、平成28年8月から開始した駿府城跡天守台発掘調査の成果によって駿府城は俄かに認知度が高まってきた。第4章で書いたように天正期と慶長期の天守台の同時発見のインパクトは大きく、お城を取り上げるテレビ番組を見ても、駿府城は頻繁に出てくるようになった。駿府城は100名城のひとつに挙げられているが、やっと全国的に認知されるようになった。地元静岡の人間にとっては嬉しい話であるが、「江戸中心史観」に風穴を開けるまでに至ってはいない。

家康は伏見で征夷大将軍に就任し、駿府で大御所政治を行っている。その創成期徳川幕府を作り上げた家康の事績を年表にして丹念に見ていくと、260年続いた徳川幕府のはじまりの地は江戸ではなく、伏見と駿府であったと書き表すことができる。

歴史愛好家のひとりとして、当時の史料（文献・考古）によってわかる事柄から、その意味を考え、それをどう解釈するのかを問い続けてきた。そこから導き出した答えが本書である。260年続いた徳川幕府は江戸時代の前に伏見時代と駿府時代があったことを、読者の皆さんにお伝えできれば、望外の喜びである。

令和5年12月吉日　　桜井　明

参考文献

■参考史料

『御当家令条　巻23』盛岡市中央公民館所蔵

『駿府日記（駿府記）』高知県立図書館山内文庫所蔵

『台徳院殿御実紀（徳川実紀）』経済雑誌社　明治37年2月

『当代記』（『史籍雑纂第二』所収）国書刊行会　明治44年11月

『寛政重修諸家譜』国民図書　大正12年

『慶長日件録』日本古典全集刊行会　昭和14年8月

監修　中村孝也ほか『戦国資料叢書6　家康史料集』人物往来社　昭和40年12月

金地院崇伝『本光国師日記』読群書類従完成会　昭和41年～46年

異国日記刊行会編集『影印本異国日記―金地院崇伝外交 文書集成―』東京美術　平成元年12月

『当代記　駿府記』続群書類従完成会　平成7年10月

山本博文ほか編集『徳川家康の古文書』柏書房　平成27年12月

中川三平編『現代語訳　家忠日記』ＫＴＣ中央出版　令和元年5月

■参考資料（１９６０年代）

中部よし子「畿内に対する慶長期徳川政権の政策」（『近世史研究』No.34）大坂歴史学会近世史部会　１９６２・６

中村孝也『家康の族葉』講談社　１９６５・７

北島正元「序」（『体系日本史叢書』所収）山川出版社　１９６５・８

佐々木潤之助「統一権力の形成過程」（『体系日本史叢書』所収）山川出版社　１９６５・８

朝尾直弘「豊臣政権論」（『岩波講座　日本歴史９　近世１』所収）岩波書店　１９６７・９

村上直「関東総奉行について」（『戦乱と人物』所収）吉川弘文館　１９６８・３

中村孝也『家康の臣僚　武将編』人物往来社　１９６８・６

■参考資料（１９７０年代）

福島貴美子「江戸幕府初期の政治制度について」（論集日本歴史７　幕藩体制Ｉ　所収）有精堂出版

1973・5
北原章男「家光政権の確立をめぐって」（論集日本歴史7　幕藩体制Ⅰ　所収）有精堂出版　1973・5
北島正元『日本の歴史　第16巻　江戸幕府』小学館　1975・4
高木昭作「江戸幕府の成立」（『岩波講座　日本歴史9　近世1』所収）岩波書店　1975・7
北島正元『江戸幕府の権力構造』（初版　昭和39年9月）岩波書店　1975・8
栗田元次『江戸時代史　上巻』（初版　昭和2年11月）近藤出版会　1976・11
中村孝也『家康の政治経済臣僚』雄山閣出版　1978・6

■参考資料（1980年代）

北島正元編『徳川将軍列伝』秋田書店　1983・1
M・アームストロング『アメリカ人のみた徳川家康』日新報道　1983・2
黒澤脩『徳川家康と駿府城下町』静岡谷島屋　1983・3
小和田哲男ほか『家康と駿府城』静岡新聞社　1983・4
藤野保『新訂幕藩体制史の研究』吉川弘文館　1983・6
岩成成一『新版　朱印船貿易史の研究』吉川弘文館　1985・12
中部よし子『徳川幕府初期の伏見・大坂の職制』吉川弘文館　1986・9
中村孝也『家康伝』（原本発行　1965年）国書刊行会　1988・2
朝尾直弘『大系日本の歴史8　天下統一』小学館　1988・11

■参考資料（1990年代）

山本博文『幕藩制の成立と近世の国制』校倉書房　1990・4
高木昭作『日本近世国家史の研究』岩波書店　1990・7
曽根勇二「片桐且元と大久保長安系の代官について」吉川弘文館　1990・8
深井雅海『徳川将軍政治権力の研究』吉川弘文館　1991・5

深谷克己『近世の国家・社会と天皇』校倉書房 1991・5
美和信夫『江戸幕府職制の基礎的研究』広池学園出版部 1991・7
小和田哲男『織田家の人びと』河出書房新社 1991・10
北島正元『徳川家康のすべて』新人物往来社 1991・12
藤井讓治『日本の歴史⑫ 江戸開幕』集英社 1992・5
関根省納『近世初期幕領支配の研究』雄山閣出版 1992・9
鎌田道隆「初期幕政における二元政治論序説」（『奈良史学』10号所収）奈良大学史学会 1992・12
笠谷和比古『近世武家社会の政治構造』吉川弘文館 1993・2
美和信夫「江戸幕府初期老中就任者に関する考察」（『論集幕藩体制史 第I期第3巻江戸幕府の構造』所収）雄山閣出版 1993・8
山本博文「徳川幕府初期の政治機構」（『論集幕藩体制史 第I期第3巻 江戸幕府の構造』所収）雄山閣出版 1993・8
朝尾直弘『将軍権力の創出』岩波書店 1994・9
内藤昌『城の日本史』角川書店 1995・6
『歴史群像シリーズ⑪徳川家康【四海統一への大武略】』学研 1996・1
辻達也『江戸幕府政治史研究』続群書類従完成会 1996・7
大野瑞男『江戸幕府財政史論』吉川弘文館 1996・12
白根孝胤「慶長期公儀普請奉行の機能と特質」（『日本史学年次別論文集近世1 1997年（平成9）』）学術文献刊行会 1997・2
鍋本由徳「慶長期における徳川秀忠家臣と西国大名」（『日本史学年次別論文集近世1 1997年（平成9）』）学術文献刊行会 1997・3
白峰旬「江戸時代初期における幕府の城郭統制について」（『日本史学年次別論文集近世1 1997年（平成9）』）学術文献刊行会 1997・3
黒澤脩ほか『東海道駿府城下町（下）』中部建設協会 1997・3
村上直『江戸幕府の政治と人物』同成社

1997・4

渡辺浩『東アジアの王権と思想』東京大学出版会 1997・10

白峰旬『日本近世城郭史の研究』校倉書房 1998・5

『大御所家康の城と町 駿府城関連史料調査報告書』静岡市教育委員会 1999・3

白峰旬「江戸時代初期における幕府の城郭統制について」（日本史学年次別論文集所収）朋文出版 1999・8

大嶌聖子「駿府政権の京都支配―板倉勝重の職務の検討を通して」戦国研究会 1999・8

白根孝胤 論文「徳川一門家老の成立過程と駿府政権」（『史学美術史論文集 金鯱叢書 第26輯』）（財）徳川黎明会 1999・8

高木昭作『江戸幕府の制度と伝達文書』角川書店 1999・9

『別冊歴史読本 徳川葵三代』新人物往来社 1999・10

二木謙一監修『歴史・文化ガイド 徳川三代』日本放送出版協会 1999・11

藤井讓治『江戸時代の官僚制』青木書店 1999・11

小和田哲男『徳川秀忠』PHP新書 1999・12

■参考資料（2000年代）

『別冊歴史読本 徳川十五代将軍グラフティー』新人物往来社 2000・3

曽根勇二『片桐且元』吉川弘文館 2001・3

池上裕子『織豊政権と江戸幕府』講談社 2002・1

橋本政宣『近世公家社会の研究』吉川弘文館 2002・12

荒野泰典『日本の歴史14 江戸幕府と東アジア（荒野泰典編）』吉川弘文館 2003・8

飯島千秋『江戸幕府財政の研究』吉川弘文館 2004・6

圭室文雄ほか『天海・崇伝（圭室文雄編）』吉川弘文館2004・7

曽根勇二『近世国家の形成と戦争体制』校倉書房 2004・9

山本博文ほか『歴史学事典（第12巻 王と国家）』弘

文堂　2005・3
京都市『京の城―洛中・洛外の城館―』京都市
2006・3
小和田哲男『秀吉の天下統一戦争』吉川弘文館
2006・10
『改訂新版　徳川家康　天下人秀吉を圧倒した大戦略』世界文化社　2006・12
平野明夫『徳川権力の形成と発展』岩田書院
2006・12
丸山雍成『参勤交代』吉川弘文館　2007・7
「別冊歴史読本61号　信長・秀忠・家康の城」新人物往来社　2007・2
藤野保ほか『徳川家康事典　コンパクト版』新人物往来社　2007・8
斎藤隼人　論文「初期江戸幕府における幕政と外様大名」三重大学　2008・2
「歴史群像　徳川の城」学研プラス　2008・7
曽根勇二『秀吉・家康政権の政治経済構造』校倉書房
2008・9
藤井讓治『徳川将軍家領知宛行制の研究』思文閣出版
2008・9

■参考資料（2010年代）

蒲生真紗雄『徳川幕府の実力と統治のしくみ』人物往来社　2010・1
渡辺浩『日本政治思想史　―十七～十九世紀』東京大学出版会　2010・2
竹内誠ほか編『徳川幕臣人名辞典』東京堂出版
2010・8
新人物往来社編『日本史に出てくる組織と制度のことがわかる本』新人物往来社　2010・12
本多隆成『定本　徳川家康』吉川弘文館　2010・12
福田千鶴『徳川秀忠』新人物往来社　2011・2
渡邉妙子『名刀と日本人―刀がつなぐ日本史』東京堂出版　2012・12
煎本増夫『徳川家康家臣団の事典』東京堂出版
2015・1
藤井讓治『戦国乱世から太平の世へ（岩波新書　新赤版1522）』岩波書店　2015・1
藤井讓治『シリーズ日本近世史①戦国乱世から太平の世へ』岩波書店　2015・1

中井正知ほか『天下人の城大工　中井大和守の仕事Ⅲ』大阪市立住まいのミュージアム　2015・3
熊谷充晃『徳川家康と16人の子どもたち』祥伝社　2015・4
安藤優一郎ほか『歴史REAL　徳川歴史大図鑑』洋泉社　2015・6
齋藤慎一『徳川の城～天守と御殿～』東京都江戸東京博物館　2015・8
渡邊大門ほか『家康伝説の嘘（渡邊大門編）』柏書房　2015・11
福田千鶴『豊臣秀頼』吉川弘文館　2016・3
藤井讓治『徳川家光』吉川弘文館　2016・6
小和田哲男『徳川家康大全』KKロングセラーズ　2016・7
村山秀太朗監修『国際情勢の「なぜ」に答える！　地政学入門』洋泉社　2016・8
曽根勇二「家康は豊臣氏をどのように追い詰めたのか」（渡邊大門編『戦国史の俗説を覆す』に所収）柏書房　2016・10
日本史史料研究会監修『家康研究の最前線　ここまでわかった「東照神君」の実像』洋泉社　2016・11
柴裕之『論集　戦国大名と国衆20　織田氏一門』岩田書院　2016・11
齋藤慎一・向井一雄『日本城郭史』吉川弘文館　2016・12
笠谷和比古『徳川家康』ミネルヴァ書房　2016・12
藤井讓治『日本近世の歴史　1天下人の時代』吉川弘文館　2017・4
柴裕之『徳川家康　境界の領主から天下人へ』平凡社　2017・7
矢部健太郎監修『地政学でよくわかる！　信長・秀吉・家康の大戦略』コスミック出版　2018・3
杉山元衛『駿府の時代―家康の大御所政治―』静岡新聞社　2019・3

■参考資料（2020年代）

船橋洋一『地経学とは何か』文藝春秋　2020・2
藤井讓治『徳川家康』吉川弘文館　2020・2
山本博文『徳川秀忠』吉川弘文館　2020・3
岩田慎平「武家政権について」（元木康雄編『日本中世の政治と制度』所収）吉川弘文館　2020・12

フレデリック・クレインス『ウィリアム・アダムズ　―家康に愛された男・三浦按針』筑摩書房　2021・2
加藤理文『家康と家臣団の城』KADOKAWA　2021・11
「静岡市埋蔵文化財調査報告『駿府城本丸・天守台跡』～駿府城公園再整備事業に伴う発掘調査報告書～」静岡市教育委員会　2022・3
「静岡県考古学研究№53　静岡県における城郭研究の最前線」静岡県考古学会　2022・6
「歴史人（2022・8月号）徳川家康　天下人への決断」ABCアーク　2022・7
小和田泰経『徳川家康の素顔　日本史を動かした7つの決断』宝島社　2022・10
「歴史と人物13　徳川15代のすべてがわかる家康と歴代将軍」中央公論新社　2022・12
小和田哲男『徳川家康　知られざる実像』静岡新聞社　2022・12
小和田哲男監修『徳川家康の地政学』成美堂出版　2022・12
廣田幸二　論考「家康政権と駿府」（図録『徳川家康と駿府』）静岡市歴史博物館　2023・1
「インプレスムック 黒田基樹が教える徳川家康のリアル」インプレス　2023・2
「時空旅人別冊　徳川家康　最後の三英傑　その決断と孤独」プラネットライツ　2023・2
「歴史人（2023・4月号）徳川家康」ABCアーク　2023・4

桜井　明（さくらい あきら）

昭和 27 年 11 月静岡市生まれ。
福島大学経済学部卒。静岡銀行に勤務ののち静銀リース（株）に出向、定年後一般社団法人静岡県法人会連合会に勤務。現在､静岡市文化財サポーター、静岡県文化財保存協会会員
平成 30 年 6 月私家版「家康公と久能山東照宮神廟の謎」を久能山東照宮に奉納する。令和 2 年 4 月静岡新聞社から『謎解き⁉　徳川家康の墓所』を自費出版する。
趣味：音楽鑑賞、美術鑑賞、城巡り、囲碁、リコーダー

１６０３年 徳川家康 江戸開府への疑問

年表が解き明かす真実

2024年1月28日 初版発行

著者・発行者　桜井 明

制作・発売元　静岡新聞社
〒422-8033　静岡市駿河区登呂 3-1-1
TEL054-284-1666

印刷・製本　藤原印刷

ISBN978-4-7838-8082-0 C0021